宇宙一ワクワクする お金の授業

Waku Waku Money Lesson

大石洋子
Yoko Oishi

すばる舎

ガラリと
あなたの人生が変わる
ワクワクマネーレッスン♪

待って～!!!

バスのりば

……。

また乗り遅れた…

いえいえ。
いつものことなんです。
これから
お出かけですか？
どうも
サザエさん
みたい・・・
大変
でしたね

はい。
ワタシ、旅をしているんです。
この世の中で、しあわせな
お金持ちがいっぱい
増えるようにしたくて
だって
あちこちをまわってきたけれど、
お金に悩まされている人たちが
あまりにも多くて、
ビックリしちゃっているんです！

じつはわたしも、しあわせなお金持ちを
たくさん増やすための活動をしているんです。
こう見えて、『思考の学校』という学校の
校長をしていて、人生がうまくいくようになるための
ヒントをたくさん教えているんですよ
えっ!?
そ、そうなんですか
（…見えない）！

お金に愛される人と、
お金に逃げられてしまう人には、
それぞれにはっきりした理由が
あるんです
知りたい？

えぇっ!?
知りたいです！
どうしたら
教えて
もらえますか？

では、
しばらくうちにスタッフとして
ホームステイしませんか？
部屋も余っているし、
いろいろ教えてあげます

では決まり！
なんの用事をするかも忘れちゃったから、
帰ってお茶でもしましょう♪
これからお伝えすることは、
しあわせなお金持ちになるために
大切なことばかり。
知っているだけで、お金がどんどん
入ってくるようになるから、
お楽しみに！
ぜひぜひ！
ワタシ、正しい教えを知って、
世界中をしあわせなお金持ちで
いっぱいにしたいんです

カバン…
忘れてますよ…
いざ行かん！
しあわせな
お金持ちの道へ!!

1万人が変わった!

しあわせなお金持ちになった人たちの
感涙の声!!!

本書に出てくるワークを
毎日していたら、なんと
臨時収入7000万円!
もはや自分でもわけがわかりません。
(43歳・講師・女性)

わたしがお金への思い込みを
見直したら、**夫の年収が**
700万円アップしました!
(38歳・会社経営・女性)

お金の悩みがとれて、
長年の親とのわだかまりも
なくなりました。
(46歳・シングルマザー)

ケチケチするのをやめて、
お金を追わなくなったら、
逆に**毎月家計がプラス**
になりました!
(28歳・専業主婦)

本書に登場する
「めがねのワーク」を
習慣づけたら、
3000万円入りました!
(48歳・男性・自営業)

夫婦ともに収入が倍になり、
夫婦関係もよくなりました♪
（35歳・会社員・女性）

お金の悩みも
人間関係の悩みもなくなって、
自分の人生を好きになれました。
（33歳・共働き・夫婦）

もうかれこれ6カ月、
毎月100万円の臨時収入が
入ってくるんです。
まだまだ続きそうです。
（50歳・自営業・女性）

教わったことを心がけたら、
理想の職場に転職して、
収入アップ！
彼までできちゃいました！
（34歳・会社員・女性）

将来のお金への不安が、
まったくなくなりました！
（55歳・会社員・男性）

本の制作に関わったメンバーも、実証済♪
続々とお金に恵まれるようになりました！

［はじめに］

しあわせなお金持ちになろう♪

こんにちは。大石洋子です。

わたしは、**「思考（考え方）が変われば現実が変わる。人生が変わる」**ということを伝えるスクール（一般社団法人思考の学校）を運営しています。

もともと、わたしは15年以上前から、カウンセリングの仕事をしていました。それなのに、人間関係のトラブルに見舞われることが多く、

「どうしてうまくいかないんだろう」

と悩む日々…。でも、あるとき、

「自分自身を見直したい！」

そんな思いから、心理学の勉強をはじめ、自分の思考や感情を紐解くようになりました。

その結果、**長年不和だった親との関係が激変！**

芋づる式に仕事もうまくいき、お金の流れもみるみるよくなっていったのです。

「こんなに人生が変わって、ストレスも減るんだ。親との関係がよくないと、人はとことん不安になってしまうものなんだ…。自分の思考を見つめることで、こんなにしあわせになるのなら、まわりの人たちにも教えたいな」

だんだんそう思うようになり、大切な人たちから順に、人生がうまくいく思考のしくみを伝えるようになりました。

すると、

「お金も入ってきて、人間関係の悩みも消えた！」
「次から次へといいことが起こるようになった！」

という人が続出。

とても評判がよかったので、お仕事として「お金の制限をはずす会」という会を開催することに。すると、参加する人たちの人生がどんどん変わっていき、瞬く間にクチコミで拡大し、全国から参加者が殺到しはじめました。

「臨時収入が入った」
「お給料が大幅にアップした」
「1000万入った」
「3000万入った」
「7000万円入った」

それだけでなく、ひきこもりのお子さんが学校に通うようになったり、夫婦関係がよくなったり…と、お金以外のところでも結果が出る人が激増したのです。

わたし個人としてはこれまでのべ1万人、思考の学校としては、これまでに日本全国のべ2000人の人生が変わるサポートをしており、現在は講師も養成しています。

たくさんの人を相手にして実感するのは、お金は皆が直面するテーマだということ。**お金との向き合い方が変われば、人生はビックリするほどどんどんよくなっていきます。**

本書は、これまでわたしがお伝えしてきた経験をもとに、たくさんの人々がしあわせなお金持ちへと変化したエッセンスを盛り込みました。

あなたが豊かになるためのヒントをたくさん解説しています。ぜひ一緒に、しあわせなお金持ちになりましょう！

2020年1月　大石洋子

宇宙一ワクワクするお金の授業
【目次】

プロローグ　しあわせなお金持ちになりたいなら、まずはここから！

第1章　お金に恵まれる人、お金が逃げていく人の思考回路

第3章 稼げる人、稼げない人の究極の習慣

第4章 ようこ先生に聞いてみよう！ お金の悩みQ&A

カバーデザイン　井上新八
本文デザイン・DTP　谷元将泰
イラスト・図版　遠藤庸子・hashigo（silas consulting）
企画・編集協力　星野友絵（silas consulting）
協力　合同会社DreamMaker

プロローグ

しあわせな
お金持ちになりたいなら、
まずはここから!

しあわせなお金持ちへの道を妨げる、5つのお金のブロック

わたしたちは、知らない間にたくさんのお金のブロックを抱えて生きています。このブロックを心に抱えているかぎり、残念ながらお金に恵まれるようにはなりません。

当てはまるものがないか、確認してみてください。

【職業のブロック】

- サラリーマンだから収入は増えない
- 転職しても下がるだけだし、これぐらいのお給料でなんとかしていくしかない

【親のブロック】

- 家が貧乏だったから、きっとこれからも貧乏だ
- 親の生まれや仕事があまりよくないから、わたしも同じような人生を送るんだろう

【パートナーのブロック】

- 旦那さんの稼ぎが少ないから、うちはこの程度
- 彼はそんなに仕事ができないし、この先も稼げないはず

【人間関係のブロック】

- まわりがわたしの才能を認めてくれないから稼げない
- ずるい人が多いから、わたしは稼げないまま生きるしかない

【社会に対するブロック】

- 政治家が無能だから、どんなにがんばっても生活が苦しい
- わたしが貧乏なのは、日本の制度が整っていないからだ

思いあたるものはありませんでしたか？

いくつもある人ほど、ブロックが強いということ。

本書では、これらの思い込みをはずすことで、お金がじゃんじゃん入ってくる流れをつくるためのコツをお伝えしていきます。

ブロックがなくなった瞬間に、お金が流れ込んでくるようになります。ぜひ楽しみながら読み進めてくださいね。

お金＝愛

お金をひと言で表すとするなら、どんな単語を思い浮かべますか？
お金＝欲、お金＝しあわせ、お金＝苦しみ、お金＝ゆとり…。浮かぶ言葉は人によってさまざまなはず。
お金＝感謝という説もあります。

なんだろう…。やっぱり、いいイメージであってほしいかなぁ。

わたしがひと言で言うなら、お金＝愛です。

愛!? ワタシとしてはうれしいけれど、ちょっと意外です。

そうそう。
「え？　愛!?　なんだかよくわからない！」
という人もいれば、
「お金も愛も、あったら豊かだしなぁ」
と思える人もいるでしょうね。
ここでは、**「お金」と聞いたときに、プラスのイメージがわいてきたか、マイナスのイメージがわいてきたか、どちらのほうが大きかったか**を覚えておいてくださいね。

ほしいという気持ちは悪いものではない

お金に対してプラスのイメージを持っている人のほうが、しあわせなお金持ちになりやすいものです。
でも、お金に対してマイナスのイメージを持っている人がとても多いのも現実なんですよね。

じゃあようこ先生。お金を汚いものとして見たり、お金を貯めることは悪いことだと思ってしまう心理は、いったいどこからくるんですか？

それはズバリ、**「欲張りに見られることが怖い」という気持ちから**です。

なな、なんと！

「お金が大好きです」「お金がほしいです」と言っている人を見ると、「欲張りな人だなぁ」と思ってしまうことはありませんか？

あります！

こんな気持ちがすぐにわいてくる人は、

「お金をたくさん持っていると、ろくなことがないよ…」と親やまわりの大人から言われてきたことがあるかもしれませんね。

たしかに、ワタシたちお金はピュアなつもりだけれど、悪いイメージを持たれてしまうこともあるような…。

お金へのイメージ

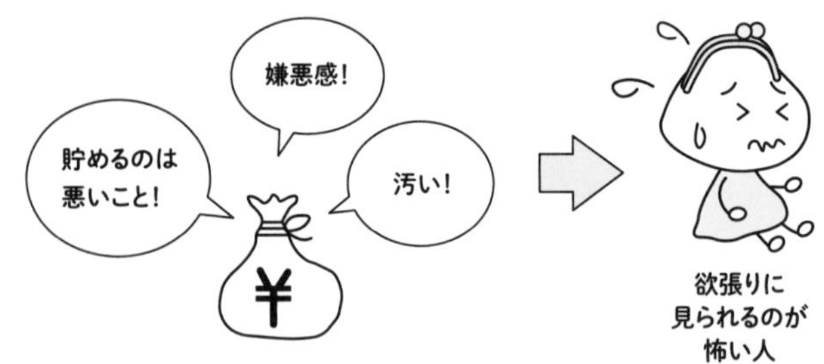

普段友達とお金の話をすることも、あまりない人が多いかもしれませんね。
日本では、「お金のことを口に出すのは、はしたない人」という印象が一般的にありますから。欲を持っていることは悪いことだと感じている人も多くいますね。

欲深い＝悪というイメージはあるかも…。

でも！　違うんです。
ほしいという気持ちは、人の原動力なんです。
欲のある人のほうが、パワーもあると思いませんか？

うーん。たしかに。

欲を満たすには、大量のパワーが必要になります。
でも、パワーを使うのは大変なので、「欲がないことにしておいたほうがラクだ」ということで、多くを求めないようにしている人もいるんです。

へぇー!!

でも、それではもったいない！
欲を抱くのは決して悪いことではありません。

悪くないんだ～。

そうです。おかねちゃん。
お金に対するイメージがマイナスの人は、「ほしいという気持ちがあっていい」と決めましょう。
その瞬間から、お金が入りやすい人になりますよ。

しあわせなお金持ちは、お金を得る「目的」を知っている

お金は、ないよりあったほうがいいですよね。
じつは、**しあわせなお金持ちは、お金を得る目的をはっきり持っている**んです。たとえば、
「○○を叶えたいから、そのためにこれだけの収入を得たい」
「子どもにたくさんの経験をさせてあげたいから、年収は余裕を持って○○円ほしい」
などなど。自分が人生で何を成し遂げたいのか、誰を笑顔にしたいのかが明確です。

たしかに、**自分のしたいことが具体的にイメージできたら、それに見合ったお金がほしいなぁと純粋に思えます**ね。

何のためにお金を得たいのか？

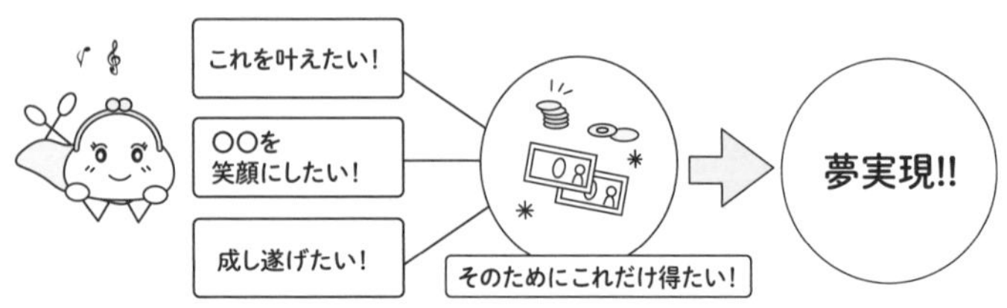

ようこ先生、ちょっと質問です。
たくさんのお金を持っていても、しあわせな人もいれば、お金の亡者のようになって不幸になってしまう人もいます。
これにはどんな違いがあるんですか？

お金を持っていてもしあわせな人は、お金を「いくら」持っているかということではなく、「何を成し遂げたいか」、そのためにお金がどれだけいるのかを、きちんと把握しています。

へぇー。**なんだかステキ♪**

一方、**お金の亡者になってしまう人は、「いくら」という金額にこだわり、とにかくたくさんのお金を得ることばかりに執着する**傾向があります。
このことをわかっていれば、どんなにお金を多く持っていても、人生が狂うことはないんです。

え、え、でも、でも、たくさんのお金を持ちすぎて身を滅ぼした人を知っていたりすると、つい「お金をたくさんほしがるのは悪いこと」と思ってしまうような…。

不幸なお金持ちを目にした人は、「やっぱりお金を持っていたらろくなことがないわ」と思ってしまいますよね。
でも、逆にしあわせなお金持ちに出会った人は、「こんなふうになりたいな」と憧れて、そちらに向けてがんばれるし、素直に行動できますよね。

出会った人次第なんですね。

誰に出会うかによって、その人のお金持ちへのイメージもガラッと変わっていくわけですが、じつは、しあわせなお金持ちに出会うのか、不幸なお金持ちに出会うのかは、偶然ではないんです！

えっ!? 偶然じゃないって、どういうことですか!?

その人自身の思考が「しあわせなお金持ちになりたい」と決めていたら、実際にしあわせなお金持ちに出会います。
でも、「お金を持つとろくなことがない」というひねくれた思いを持っていたなら、不幸なお金持ちに出会ってしまうんです。

え～っ!? そうしたら、しあわせなお金持ちと不幸なお金持ちの両方の人を目にする人の思考回路はいったいどうなっているんですか？

ひと言で言えば、お金に対していい思いと悪い思いを半分ずつ持っている状態と言えます。
人の心は、あいまいです。思いがひとつしかない人なんていません。誰でもいろいろな思いがありますよね。
もし自分のなかに、いい思いも、悪い思いも半分ずつ持っているのなら、どちらでも選択できます。ですから、どちらの世界に行きたいかを、ぜひ決めてください。

自分で決められるんですか⁉

選択するときは、「わたしはどちらがしあわせになれるかな?」ということを基準にしましょう。その基準さえ間違えなければ、いい方向へ進むことができます。
わたしたちの思考が、現実をつくっているんです。

そんなところに、思考が影響するのかぁ。
う～ん。奥が深いなぁ。

お金がなくなる人が無意識にしてしまっていること

ようこ先生。「お金に好かれる」「お金に嫌われる」という言葉がありますよね。お金が逃げていく人ってどんな人なんですか？

ログセのように「お金がないのですが…」と言っている人は、まさにお金が逃げていく人ですよね。
そういう人が一番したほうがいいのは、自分がまわりの人たちを下げていないか点検してみることです。

誰かを下げているという行為をやめることが、お金が入ってこなくて悩んでいることをやめられる最大の方法です。

「お金がないのですが…」と言う人は…

えぇっ!? **下げる**ってどういうことですか!?

相手を下げる行為というのは、たとえば相手を見下すことです。相手のことを自分より下に見ていたり、誰かを叩いたり、攻撃したりすることもこれに当てはまります。

え？ それって誰かを心のなかで、自分より下の存在に位置づけてしまっているということですか!?

そうですね。そもそも、わたしたちにとってお金って価値があるものですよね。**価値のある人に、価値のあるお金がやってきます。**
つまり、お金が入るということは、「自分は価値のある存在だ」と心から思えているということなんです。

お金と自分がつながっちゃってるなんて…!!

名実ともに自己価値が高い人には、お金が入ってきます。でも、自己価値が高いとは言えない場合には、一時的に入ってもすぐになくなります。残念ながら、入ってもトラブルになってしまうということも…。
ですから、**あなたが本当の意味で「わたしには価値がある」と思えていたら、お金は永遠にあり続ける**のです。

**お金が
あり続ける人は…**

脳は主語がわからないと言われています。
たとえば「わたしは貧乏だ」「あの人は貧乏だ」というフレーズは、どちらも同じものだと脳は認識してしまうのです。

わたしとあなたの区別がつかないということですか！

口に出す場合も、心のなかで思っている場合も、誰かのことを下げて考えていたら、結局それは自分のことと同じというふうに脳はとらえます。

えーっ!? それはビックリ!!

「あの人は貧乏だ」「あの人には価値がない」と他人のことを下げている分だけ、「わたしは貧乏だ」「わたしには価値がない」と言い聞かせていることになってしまうので、お金が安定して入ってこなくなります。

これをし続けているかぎり、お金は安定も、定着もしません。たとえお金があっても不安がどんどん大きくなっていきます。

ギョギョギョ!!! なんだかこわい…。
お金へのイメージが、人との関係にも影響するっていうことですか？

そうそう。**自分には価値があると肯定する気持ちと、まわりの人を下げない心持ち。この２つが大切**なんです。
「わたしには価値がある」と思えていると、自分の持っている資産の価値も上がったりするんですよ。

でも、「わたしには価値がない」と思っていたり、「まわりの人には価値がない」と他人を下げて考えたりしている人は、自分の持っている資産価値も下がってしまう…。
身近な人と円満な関係を築いているということは必須なのです。

自分やまわりを下げると資産の価値も下がる

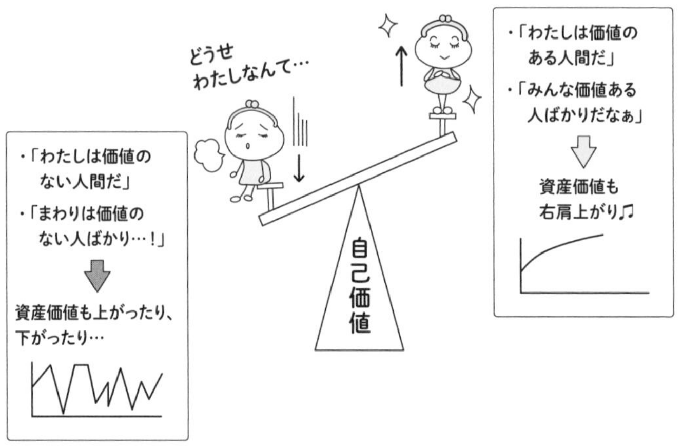

ちなみに、資産運用をしている人は、自分の持っている株や土地の価値が上がったり下がったりしますよね。あの上下というのは、自分の自己価値とつながっているんですよ。

ひぇ〜!!!

じゃあ、資産運用は、もっと自分が整ってからにしようかなぁ…。

お金を得ることを目的にしていると、お金は逃げていく

余裕がないと、ついお金を先にほしくなっちゃうことって、あると思うんです。ワタシ、そういう人をたくさん見てきたから…。

それはありますよね。
でもね、絶対に忘れてはいけないことがあるんです。
それは、**「お金を得ることを目的にしてはいけない」**ということ。

お金を得ることを目的にすると、どうなっちゃうんですか？

お金を得ることばかり考えていると、「お金がほしい」「○○万円を稼ぎたい」と、ひたすらお金を得ることが第一目的になってしまいます。

一方、「お金はあとからついてくるものだから」
「お客さまや目の前の人を喜ばせた先に、お金が信頼としてついてくるものだ」
という考えの人が一定数いますよね。

いるいる!! ステキ!!

「自分が大好きな仕事で、人に喜んでもらいたい」
「絶対にいいものだから、これをどうしても広めたい。そして、困っている人たちの役に立ちたい」
そんな目的がある人のところに、結果としてお金はめぐってきます。

なんだか、わかる気がするなぁ。

でも、仕事に愛情があるように感じられなかったり、
「お金が稼げればなんでもいい」
と思ってしまっている人のところには、お金はやってきません。
そういう人たちの場合は、お金を得ることが第一目的になっていますよね。

お金は手段? それとも目的?

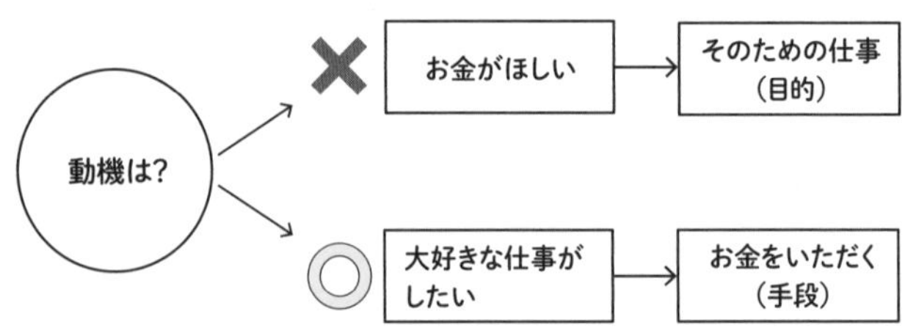

う〜ん。たしかに、そういう人って、口にはしなくても、まわりにバレているかも…。

そうなんです。だからお金を得ることを第一目的にしてはいけないんです。

もし自分のところにお金が十分にめぐってきていないなぁと感じるなら、自分の仕事を好きと思えているか、その仕事を通して人に喜んでもらえているか、誰かの役に立とうという思いを持てているか、ぜひ見直してみてください。

はーい。さっそく見直してみます。

「お金は循環するもの」と信じよう

ようこ先生。ワタシとっても気になっているんです。人間のみなさんは、お金に対してどんな考えを持っていたらお金に恵まれるようになるんですか？

ひと言で言うなら、**お金が入ってくるには、お金にかぎらずすべてが循環しているイメージを持つこと！**

これが一番うまくいきます。

お金はエネルギーです。お金だけでなく愛もそうですが、

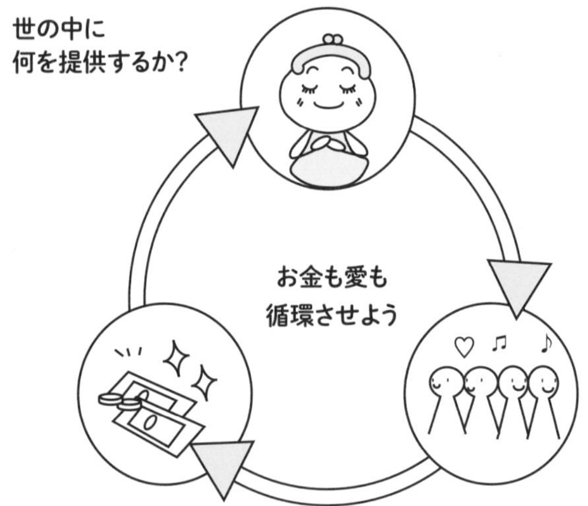

わたしは循環しているというイメージが一番いいと思っているんです。

循環かぁ！

世の中に何かを提供した分が、自分にお金という形で入ってきます。これは、自分が日頃から何を提供しているかが問われるということ。
世の中や人に対して、愛情を持って何かを提供しているのであれば、それに見合ったものが返ってくるんです。

ほほーう。心が入っていないとダメだっていうことですね。たしかに、心が感じられない人のところには、ワタシたちも行きたくないかも…。

そうですよね…。自分がお金を使うときには喜びや感謝の気持ちで使い、自分が提供したものが感謝されて喜ばれることでお金として戻ってくる。これがお金のよい循環です。

それを信じられるかどうかで､めぐってくるお金の量は､ずいぶん変わってきます。

循環っていいですね。
たしかに、人って、不安になると、お金を使わなくなっちゃうところがあるかも。
そういう場合は、どうなるんですか？

そうすると、自分のところにお金を貯めてばかりで、お金を流さなくなりますよね。つまり、循環がとまってしまうということです。
循環をとめてしまうと、そのときは「貯金できた」と満足するものの、その後入ってこなくなってしまうのです。

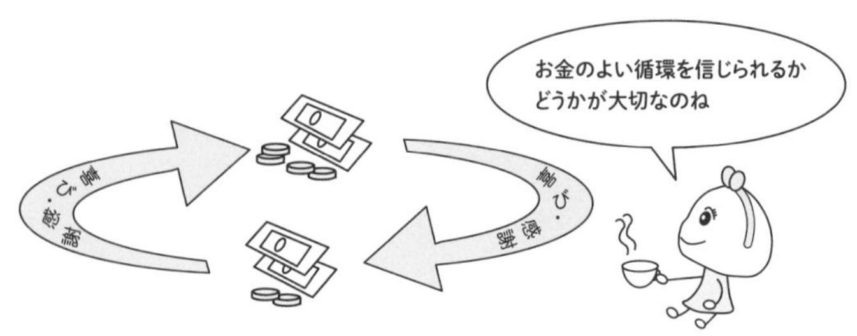

わたしははじめ「お金の制限をはずす会」という講座から講師業をスタートしました。

そこに参加していただいていた方たちに、どんどん臨時収入が入っていったんです。

う、うらやましいなぁ〜。

しかも続けていくうちに報告される金額が上がっていったんです。
最初の頃は数万円くらいだったのが、10万円や500万円、1000万円、2000万円、3000万円となり、最近では7000万円（！）という人がいました。

えぇっ!? 7000万円!?
そんなことってあるんですか～!?

あるある（笑）。でも、難しくないんですよ。
わたしも、参加していた方自身も、「お金は循環するものだ」と信じた分だけ、現実に反映されたということなんです。

断言します！

お金は確実に循環します。
循環させたほうがいいんです。
信じたもの勝ちですよ。

貯金より循環。
大切なキーワードだなぁ。

一生お金に恵まれ続ける
大富豪たちが考えていること

ようこ先生、そもそも大富豪の人たちって、お金へのとらえ方が独特な気がするんです。なんだか感覚が違うというか…。言葉でうまく説明できないんだけれど、何が違うのかなぁ？

それはいい質問です！　まず、一生お金に恵まれ続ける大富豪さんたちは、いつもお金に関心を持っています。
そして、お金は常に消えることはなく、自分のまわりを循環し続けているということを、心から信じています。

「いつだってお金はあり続ける」という安心のなかにいるから、お金がなくなるなんて、まったく思っていません。

そうか！　そういう感じかも！　**大安心の境地**で、ふくふくしているような♪

そうそう。うらやましいくらいにね（笑）。
大富豪さんたちから学べることはたくさんありますよ。
まずは、**「いつだってお金はあり続ける！」という気持ちを、ぜひ真似してほしい**のです。

力強い言葉だなぁ。「なかなかそんなふうに思えないよ！」という場合には、どうしたらいいですか？

お金＝物質と思わず、**お金＝エネルギー**と思うといいかもしれません。
お金＝物質と思っていると、「なくなってしまう」「失ってしまう」と思って、つい執着してしまいませんか？

でも、エネルギーだととらえて「いかによくまわしていくか」という発想になると、余計な心配は減っていくのではないでしょうか。

なるほど〜！
ワタシたちはエネルギーと思ってもらうといいんですね！

そうそう。**発している言葉や心のなかで思っていることも、お金の循環に大きく影響します。**

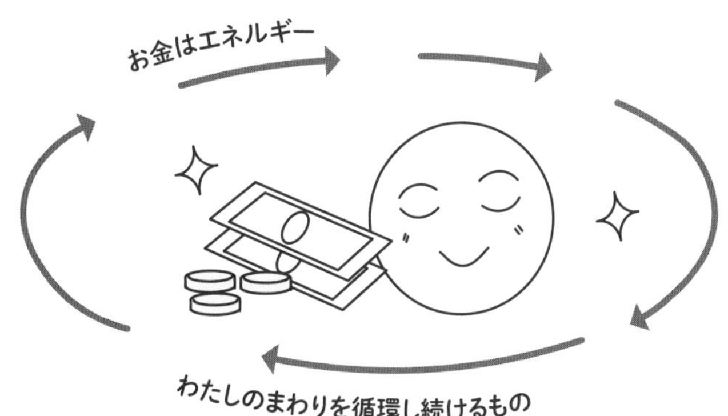

口では「世の中にいいことをしようよ。だってお金はあとからついてくるものだからさ」なんてキレイ事ばかり言っていても、実態が残念という人もいます。
こういう場合は要注意！

ほぇ〜。

なぜなら、自分が発言している言葉より、自分が本音で思っていることのほうが、現実化する威力が強いからです。

心のなかで「誰よりも多く、お金をもらってやる」「儲かれば、なんだっていいんだ」と思っていたら、その心を見透かして、お金が逃げていってしまいます。

じゃあ、一見いいことを言っているのに、お金が循環していない人は、口だけでキレイ事を並べているということなのかなぁ。

そうですね。わたしたちも気をつけたいですね。

ほしいものを手にする秘訣は、ふわっと「こうなったらいいな♪」と願うこと

何かほしいものがあるとき、どんなふうに願いますか？
じつは「一番ほしいものは手に入らない」とあきらめている人が多いんです。

えっ!? それはどうしてですか？

「わたしには、どうせ手に入るような価値がないんですよ」と長年思い込んでしまって、素直にほしいものを願えないからです。これは、お金が逃げていってしまう典型的な思考です。
貯めても漏れてしまいそうです。

え〜。じゃあ、どうしたら一番叶うんですか？

ふわっと「こうなったらいいな♪」と願うことです。

ふわっと？

言い換えると、わたしは「素直に願う」という言い方をします。素直に願えているときには、不安もないし、あきらめの気持ちもないですよね。

心の声で言うとしたら「叶ったらいいな〜♪」ぐらい。
でも、叶わなくてもわたしは別に変わらないし、それを得られようが得られまいが、わたしの価値に変わりはない。
それくらいの気持ちでいると、肩の力が抜けていて、願いが一番叶うんです。

だからふわっとなんだ。
ガツガツじゃダメだっていうことですね。

そう。力が入りすぎていると、執着心も強くなって自然体ではいられなくなるんですよね。
ふわっと「こうなったらいいな♪」をクセにしてみてください。ビックリするほど、ラクに願いが叶うようになりますよ。

なんだかカンタン！　やってみようかな♪

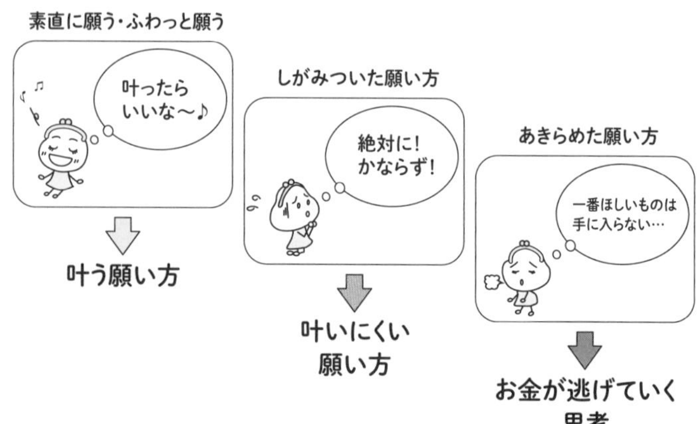

お金が入るようになる、パワフルな合言葉

驚くほどお金が入ってくるようになる、パワフルな合言葉があります。知りたくないですか？

知りたい！　知りたい！

それは…

「金ならある!!!」

です！　意味がわからなくてもいいので、まずはこれを口グセにしてみてください。

ま、ま、まさか!!

これを言っているだけで、突然収入が上がった人、ビジネスが拡大した人、ヘッドハンティングで年収が700万円アップした人、100万円単位で臨時収入が入った人などが続出しています。

えぇっっ!?

ちなみに、**「おかね」より、あえて「かね」と言ってください。そのほうが、パワーがこもってパワフルになる**ので。

ようこ先生。ワタシ恥ずかしい…。そんな、「かね」だなんて…。

だまされたと思って、ぜひ毎日、ことあるごとに口に出したり心のなかで唱えたりしてみてください。
合言葉は、「金ならある!!!」です！

第1章

お金に恵まれる人、お金が逃げていく人の思考回路

貯め込んで使わない人の心理とは？

まず、お金を貯め込んで使わない人の心理を説明しますね。貯め込む理由をひと言で言えば、**たいていが恐怖心**です。使うのが怖いということです。

貯め込んで使わない人の心理

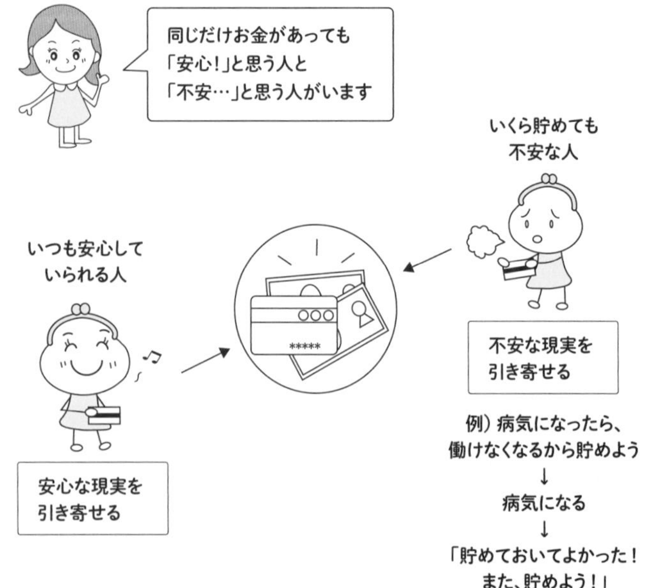

「このことに使いたい！」という夢や目的があって、そのために使わないで貯めておく場合はいいんです。
でも、**「不安を埋めたいから」という理由でお金を貯めていると、逆に、不安になることがどんどん起きてしまう…。**

だから、いくら貯めても不安がますます大きくなって、もっと貯めなくてはいけなくなるのです。

えぇっ!? それでは本末転倒ですね…。

わたしがそのことをはじめて実感したのは、公務員の旦那さまを持つ、裕福そうな奥さまを見たときでした。

都心のマンションに住み、子どもたちもいい学校に通っていて、はたから見ると何の悩みもなく、「豊かでいいな」とわたしは思っていたけれど、その奥さまは「夫ももうすぐ定年になるし、大丈夫かしら…」と、いつも心配ばかりしているのです。

なんだか…もったいないですねぇ…。

当時のわたしは、パートで月10万円という経済状況でひとり暮らし。そんなわたしから見ると、とても裕福な奥さまなのに、本気で心配している姿が不思議でした。
そのとき、お金に対しての不安は、**実際に手元にお金があるかどうかではない**んだなと感じたのです。

ビックリ…。
でもそういう人は、たくさんいる気がするなぁ…。

おかねちゃん、そうなんです。
もう少し詳しく解説しましょう。

「お金がいくらあっても不安…」という人は、不安な現実を引き寄せる分、ある日突然病気になったり、事故やトラブルに遭ったりして、お金を使わなくてはいけないことが起こりやすくなってしまうんです。

えぇっ!?

不安に思っている人ほど、その**不安どおりの現実をつくり出す**ということなんです。
そして、結果的に「お金があってよかった…」という出来事を引き起こしやすくなってしまう…。

こ、こわい…。**どんな不安も、現実になっちゃうの？**

「身内が病気になって働けなくなったら大変だから貯めておこう」
と言っていれば、そのとおりになるし、
「泥棒に入られたら大変だから、頑丈にガードしておかなくては！」
と警戒している家ほど、泥棒が入る。
「盗まれたらどうしよう」

と心配していれば、実際に盗まれることが起こる…。

ギャーっ！　そ、そんな…。

長年抱いている不安や恐怖心のイメージがたまって、現実にあらわれてしまうんです。

恐怖心をそのままにしておくことは、お金を遠ざけてしまうってことなんだ！

そういうことです。
だから、**お金に恵まれたいのなら、お金がなくなる恐怖心を手放すことは必須**だととらえてくださいね。

自分のケチケチ度を知るには？

身近なところに金銭感覚がおかしい人がいたら、要注意

わたしが運営している思考の学校でいつもお伝えするのですが、どんなときでも、**目の前にあらわれたことは、自分の何かを反映しているというサイン**なんです。

えっ!? どういうことですか!?

たとえば、目の前に嫌だなと思う人が出てきたとしたら、それは、過去の自分自身の姿をそこに見ているということ。そして心の奥で「自分は同じことはしたくない」と思っているということだと解釈します。

それって「**自分のなかにまったくない発想を持った人と出会うことはない**」っていうことですか？

そうそう。
たとえば、ものすごくケチで、人からもらうことばかり考えている人を見るとイライラするとします。
それは、自分自身も、過去にケチだったことがあって、

「あの頃はひどかったな。もう繰り返したくないな」と思って手放していった経験があるということ。

自分のなかにある**ケチケチ思考の量が減れば減るほど、ケチな人はあらわれなくなる**し、自分のなかにケチケチ思考の量が多ければ多いほど、毎日会うような、とても身近な人や親しい人がケチケチした行動をします。

じゃあ、SNS上でたまに見かけるくらいだったらどうですか？

その場合は、自分のなかでのケチケチ思考の量が、だいぶ減っているとみていいでしょうね。

多 ↑ 量 少 / 近 ↑ 距離 遠

思考の量	貧乏思考の現実へのあらわれ方	しあわせなお金持ちの現実へのあらわれ方
（大）	困った！ いくら稼いでもお金は 減っていくばかり・・・	やったー！ 夫の昇格と わたしの大幅昇給!!
（中）	友人・同僚が 「お金がない」と 困っている	友人・同僚が お給料アップ
（小）	TVなどで 景気の悪いニュースを 目にする	TVなどで 景気のよいニュースを 目にする

自分が相手に言いたいこと
＝自分自身に言いたいこと

おかねちゃん。ケチな人に遭遇したとき、なんと言いたいですか？

「もっと人に対してお金を使ったほうがいいんじゃない？」
と言いたくなるかもしれないし、
「堅実でいいね」
と声をかけるかもしれません。

嫌だなと思う相手が出てきた場合、自分が相手になんて言いたいのか、注目してみましょう。
なぜなら、**自分が相手に言いたいこと＝自分自身に言いたいこと**だからです。

ひえ～！ 衝撃的!!!

ケチな人を見て、
「自分が得することばかり考えないで、もっと自分からまわりにお金を使うことをしたほうがいいよ。そのほうがお金が循環して豊かになるはずだよ」
と言いたい気持ちがわくのなら、自分自身がそうしたほうがいいということなんです。

これはものすごく大切なことだから、もし目の前の相手や、人づてに聞いた話、たまたま見かけたニュースや、たまたま見かけた本を読んだりして、何か物申したくなったときには、自分がどんな言葉をかけたいのか、振り返ってみてくださいね。

それって、**他人を見ているようで、自分を見ている**ということになるのかな…。

そういうこと!

嫌いな人がいっぱいいるなら、自分自身の見直してみたい課題がたくさんあるということで、気持ちのいい人であふれているなら、自分自身の理想の状態だということですか?

そのとおりです!
まわりにいる人たちが、あなた自身の状態をはかるバロメーターになりますよ。

まわりが
気持ちのいい人で
あふれますように♪

お金に細かすぎる人 VS お金におおざっぱな人

ようこ先生、聞いてください。
この間みんなでランチを食べたとき、
「ひとり1682円ね」
と細かく言う人がいて、「**めんどくさいなぁ**」と思っちゃったんです…。

おかねちゃん。ランチを食べたんですね。
お金に細かい人は、細かくすることが相手への誠意だと思っているところがあります。または、「1円も損をしたくない。きっちりしなければ、相手に恨まれる」と思っているのかもしれません。

どちらにしても細かくないと許せない人かなぁ？

お金に細かすぎる人は、社長タイプ、リーダータイプにはあまりいないですね。

え？　じゃあ**お金に細かくない人のほうが、社長タイプ、リーダータイプ**ということですか？

そうそう。お金に細かくなく、お金の端数を自分で払ったり、**ケチケチしたりしない人は、大きな目で全体を見る**ことができます。

たとえば、1000人の従業員がいたら、一人ひとりの一挙手一投足まで管理はできないはず。リーダーには、大きく構える姿勢が求められます。

むむ。たしかに。

でも、1円の端数まで見逃さずに細かく見る人は、全体を見ることが苦手だったりするので、大きなことを成し遂げるのは難しいかな。そのかわり、**細かいことを任せるといい人**と言えます。

お金の扱い方に、その人の適性があらわれるということかぁ。

ケチな人は
結局自分が損をする

ケチのまま居続けると、人はどうなっちゃうんですか？

答えはカンタン。

相手にも同じようにケチをされてしまいます。

ケチな人＝損をしたくない人。与えるのが嫌で、得をしたい。大げさに言えば、「わたしにどれだけくれるの？」「わたしにどれだけ与えてくれるの？」という人のまわりには、同じような人しかあらわれません。

自分のしていることが、まわりにあらわれるのかぁ…。

与える人が与えられる人になるので、ケチな人は結局自分が損をします。

ケチな人の思考回路は「損をしたくない」「与えたくない」。だから、まわりにあらわれる人も「損をしたくない」「与えたくない」人たちばかりで、いつまでたっても発展しないのです。

うわぁ…。

なんだか、**人間関係がギスギスしそう**だなぁ…。

そうですね。

自分から与える人が、与えられる人になります。 あとで詳しく説明しますが、きょうだいのポジションが「末っ子ちゃん」の人は、「損をした」という思いにできるだけ気づくように心がけるといいですよ。**「損をした」と思っているうちは物事がうまくいかない**ので、そう思っている自分に気づいたら、積極的に自分から与える人になろうと心がけると◎。

ケチな人と与える人の違い

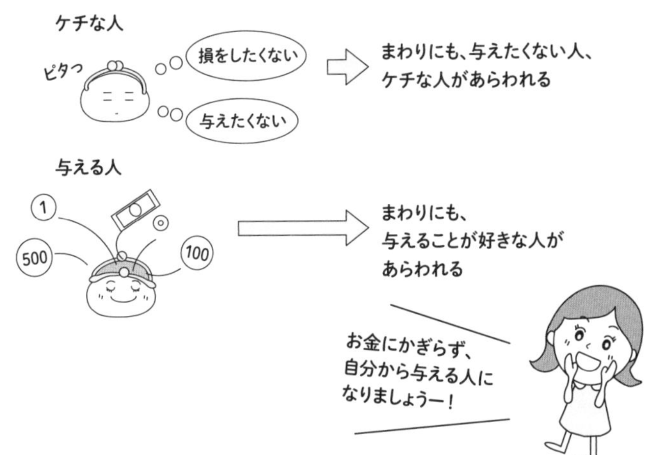

ちなみに、値切る人は、自分も誰かから仕事の報酬などで、値切られる経験をすることになるので、注意しましょう。

ギョギョッ!!

成功と破産を繰り返す人の共通点

成功したけれど、破産して、そこから這い上がってまた成功して…と人生に波をつくる人って時々いるけれど、どういう人なんですか？

そういう人の**心の根底には、怒り**があります。
せっかく自分の人生を持ち上げたのに、ガーンと落としてしまうわけです。転落してしまう現実も、自分の思考がつくっているのです。

せっかくつくったものを自分で台無しにして、**「なにくそ!」という怒りのエネルギー**で這い上がるっていうことですか？

そうなんです。その「なにくそ！」というエネルギーで「お前を見返してやる、叩き潰してやる」と動いていると、しばらくたって、今度は叩き潰される側になってしまいます。

ひぃぃっっ!!

あるときにガーンと落ちる経験をしている人は、知らない間にまわりを落としている人です。

怒りでいろいろな人を巻き込んでいるのです。

え〜。じゃあ、まわりを落とさないようになれば、それほど落ちなくてすむようになるっていうことですよね？

思考によって現実がつくられているということを理解して、感情を整理できるようになると、アップダウンの激しい波をつくり出さなくなります。

大きな波は、人にとってはストレスだからかなぁ。

人生にたびたび大きな波がある人は、思考を見直しましょう。そうそう、思考を見直すと、事件を起こさなくなります。事件を起こさなくなって、**落ちないでゆるやかに上がっていける**ようになります。

成功のイメージ（人生の曲線）

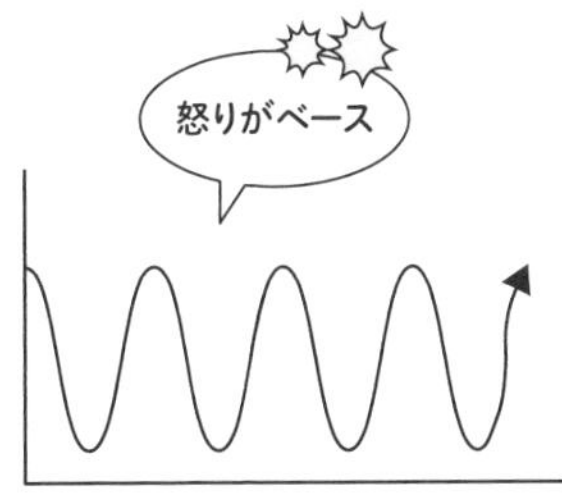

まわりの人を下げていないか
自分の思考を見直し、
感情をコントロールする必要アリ

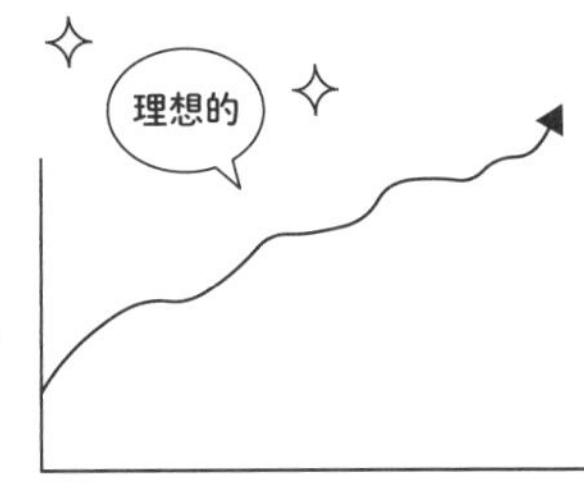

思考が整ってくると、
ゆるやかに上がっていき、
落ちることはない

お金に対するネガティブな気持ちをはずそうとしない人の心理

人を見ていると、「**そのクセを変えればうまくいくのにもったいないなぁ**」って思うことがあるんです。お金の扱いのクセも、頑固に変えようとしないのはどうしてですか？

お金へのネガティブな気持ちをはずそうとする気がない人の心には、ずばり**誰かへの怒りが潜んでいる**んです。
お金がなくて大変な状態にあることによって、誰かに怒りを訴えたい。多くの場合は親が多いかな。
「お前のせいで、わたしはいつまでも不幸なんだからな！」と言いたい。そのために、貧乏な状態から抜け出したくないのです。

こ、こわい…。

本当に変わりたい人は、聞く耳を持っていますよね？
でも誰かのせいにしたままでいたい人は、いくら説明しても聞こうとしません。もし自分がお金のブロックをはずすことに抵抗しているのだとしたら、**「本当に変わりたい」と決めて行動すること**。これだけですね。

な、な、な、なるほど…。

貯金できない人の心理

お金といえば貯金。
でも、貯金できない人が多いみたい…。

ちょっと強めに宣言します！　声を大にして言いますよ。
貯金があればいいわけではありません!!!

ようこ先生、いつになく熱いですね。

「**何のために貯金するのか**」この思考が一番大切です。

恐怖心から貯めれば、恐怖を感じるような現実を引き起こしてしまうし、「これをしたい！」という希望から貯めれば、未来も明るくなります。

動機が大切なのね！

貯金の額も人の考え方によりますが、カツカツで貯金がない人もいれば、あまりに豊かに循環しているから、がんばらなくても自然にお金が貯まるという人もいますね。

だから一概には言えないけれど、カツカツで貯金ができない人や、なけなしのお金を貯めたのに、なぜかいつも出費させられる人の場合は、
「お金はがんばっても貯まらない」
という、よくない思い込みを持っている場合が多いのです。

一度、「わたしにとって、お金とは◯◯」と書き出しをしてみるのがおすすめです。
書き出してネガティブなものが出てきたら、
「これは思い込み！」
と気持ちを変えてみましょう。

それだけでも、**お金の入り方がガラッと変わってきますよ。**

投資に気持ちが向く人、貯め込む人、消費する人にタイプが分かれる

投資を考えるときにも、貯金と同じで**「なんのために」という発想が大切**です。
「お金がなくてカツカツだから投資して勝負するしかない」と思っているのか。それとも「自分の持っているものを使って誰かを支援することで自分も相手も豊かになると信じているから投資する」のか。

行動は同じなのに、動機の部分がまったく違うのかぁ！

同じ消費でも、ストレス解消のためなのか、自分の知識を深めたり、その経験をすることで豊かさを分かち合うためなのかによっても変わります。**考え方によっては、消費が投資にもなりますよね。**

消費に使われるお金たちは、たしかに疲れているような…。**誰かの明るい未来のため**に使われるときはうれしそうだもんなぁ。

ぜひ明るい目的のためにお金を使うことを心がけましょう！

column

ついお金を出し惜しみしてしまう人へ

これまでにも解説してきたように、**恐怖心を消すために貯金しているのなら、かならず恐怖を感じる出来事を引き起こします。**

ですから、「なぜそれをしているのか」ということの回答が、マイナスだった場合は見直したほうがいいですね。

そうでなければ、いくら貯めてもその思いは消えないし、逆にその思いが強くなる出来事がつくり出されるからです。

たとえば、お金がまとまって出ていく出来事が起こり、
「あぁ。蓄えがあってよかった…」
と思うような現実を引き起こすのです。

ある女性は、頭がよくて仕事もできるのですが、仕事に対しても、お金に対しても出し惜しみが多いようです。

仕事ができ、午後1時にやるべきことが終わると、仕事しているフリをして定時の時間までやり過ごすそうです。

そして、余計なお金は1円も払いたくないタイプでもあります。

彼女は、自発的に生産的な行動をする、つまり自ら「生み出す」ということの価値や意味がわからない人なのでしょう。

こういう場合、「生み出す側」「与える側」にまわったほうがいいですね。お金を貯め込むより、お金を生み出そうとしたり、もっと仕事に積極的に取り組んで、お給料を上げることにフォーカスしたほうがいいでしょう。

そうすると、節約しているお金を、少しはゆるめてもよくなりますよね。

仕事も、お金も、出し惜しみしないこと。
これが、運気を上げていくための特効薬です。

お金に恵まれる気前のいい人と、お金に逃げられる気前のいい人

ワタシ、**気前のいい人が好き**だなぁ。一緒にいて気持ちがいいから！

うん、わかります。ただ、ひとつだけ。
気前のいい人は、一見素晴らしい人のように見えるけれど、ちょっと注意しておきたい点があるんです。

え!? 気になる!!

それは、**本当に気前がいいのか、「与えないと人がいなくなってしまうもの」という恐怖心があって気前がいいのかで種類が違う**ということです。

え？ 2タイプに分かれるってことですか？

そうなんです。ちなみに、**与えないと人がいなくなってしまうかもしれないという恐怖心のある人は、ある日突然、爆発してしまいます。**とくに、
「誰がいつも払ってやっていると思っているんだ！」
といきなり怒鳴る人は大問題です。

こわい。。。。どんな心理状態なんですか…？

「自分は愛されていないし、価値がない。だから**お金を払って価値をつけている**」
と思っている可能性があるんです。

それは…、悲しいなぁ。でも、わかる気がするかも…。

本当に気前がよくて、与えるのが好きな人だったら、うまく循環しているはずなのです。
人を見る場合でも、あなた自身を見つめる場合でも、恐怖心から与えているのか、本当に与えたいから与えているのか、ぜひ見直してみてください。

本当は何を思っているのかというところで、結果が違ってくるっていうことかぁ！

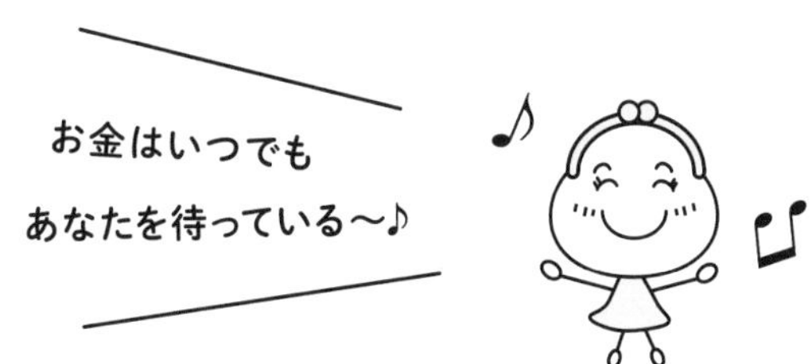

お金が入りやすくなる習慣

ここでは、お金が入りやすくなる習慣を紹介します！
まず、ものをため込んで汚部屋にしてしまうのは絶対NGです。**お金がいっぱい入ってくる人＝自己価値が高い人。**
自分の価値が高いから、その価値の高さに見合ったお金がやってくるというお話をしました。

自己価値って、自分が自分を価値のある人として扱えるかどうかっていうことですよね。じゃあ、自分を大切に扱えるようにしたほうがいいですね。

そうです。**価値のある人は、汚部屋に住みません。**
いつも**清潔でキレイな部屋に住む**ということは、「自分に価値があるから、その価値にふさわしい場所にいる」ということになります。

部屋をキレイにしておくのは、大切だなぁ。

わたしはお金があまりない頃から、普通席が空いていても、かならずグリーン車に乗るようにしていました。
「常に**グリーン車で仕事をしながら移動するのが当たり前**だよ」と自分に教えるためです。

その頃はそんなに贅沢はできなかったので、お弁当をつくったり、マイポットを持参していた時期でしたが、それでもグリーン車に乗るようにしていましたよ。

よく言われていることですが、わたしは、**ホテルのラウンジでお茶を飲む**こともしていました。
以前、意識して足を運んでいた場所は、リッツ・カールトンホテルの45階ラウンジです。

わぁ！ 行ってみたいなぁ♪

自分がそこにいるくらいの経済力や豊かさが当たり前なんだと自分に教えてあげるために、よくそこへ行ってブログを書いたり、仕事をするようにしていました。

ようこ先生、**いろいろ試しているなぁ。**

そう。どんどん試したほうがいいんです。「自分がなりたい人はどういう人だろう」ということを日頃から意識するのも大切。

わたしは**「しあわせなお金持ちになりたい」**という思いが強かったので、しあわせなお金持ちが出没しそうなところに足を運んだり、**しあわせそうなお金持ちだなと思う人とは、できるだけ接触回数を増やす**ようにしていましたね。

へぇ〜！ なんだか楽しそう!!

その人に会って勉強できる機会があったら参加したり、その人と食事できる機会があったら行ってみたりするのはおすすめです。

人は、自分が想像できないものには、なかなかなれないもの。**叶えたい未来を、できるだけ先取り体験するのがいい**ですよ。

いいなぁ♪
ワタシにもできそうなところからはじめてみようっと！

お金のめぐりをよくするには…②

	いい習慣	悪い習慣
自分のランクを上げる	◎ホテルのラウンジ 意識的に優雅な空間へ身を置きます	お金は使いたくない！
イメージ	◎なりたい人をイメージする しあわせなお金持ちってどういう人だろう♡	✖損をしたくないという思考 損させられた！
人へプレゼントする		✖もらってばかり… もらって当然よね おごられて当然！ わたしが出す必要はないよね！ ありがと！

お金が入らなくなってしまう習慣

ようこ先生、**お金が入らなくなってしまう人**って、どんな習慣を持っている人なんですか…?

まず、服をぐしゃぐしゃにしてしまったり、ものを雑に置いてしまう人は、お金が入りにくいですね。
なぜなら、**自分の身のまわりのものをどう扱うか=自分の扱われ方**になるから。
自分のことをどう扱っているかが、ものの扱い方に出てくるということなんです。

ギクっ!!

だから、**ものを丁寧に扱ったほうが、自分も丁寧に扱われます。**丁寧に扱われるということは、価値があるということ。自然と、その価値に見合ったお金がやってくるようになります。

まわりのものを丁寧に扱うことは、お金が入ってくる大事な要素になりますね。

食べ方もお金の入り方に関係しますか?

食べるときに、ながら食いはよくないと言われますよね。**ながら食いをするのは、食べ物を無視していることになる**のです。

食べ物にちゃんと向き合って、命をいただいてありがとうと思って食べるのか、雑にTVを見ながら食べてしまうのかは違いますよね。

これも結局、自分の扱われ方に反映してくるのかぁ。
どうせ食べるのなら**丁寧に食べるようにします！**

学びに投資するのもいいと思います。
ただ、不安だから学びに投資するとなると、結局また不安なことが起きてしまいます。だから、**どんな理由で学びに投資するかはとても重要**だと思いますね。

ようこ先生は、どんな理由で学びに行くんですか？

わたしは「しあわせなお金持ちになる」ということが、いつでも揺るがないゴールでした。

でも人によっては、不安を消すために学びに投資する人もいると思います。その考えでは、いつまで勉強しても不安は解消されないと思いますね。
プラスの思いが大切ですよね。

学びに行くときのポイント

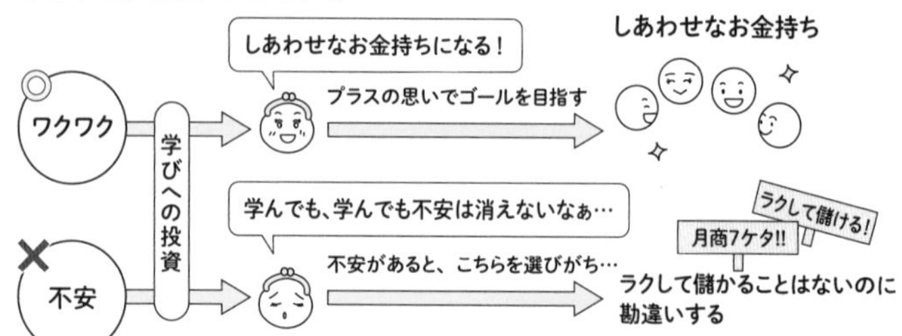

お金に不安な人ほど、「ラクして儲ける」「短期間で儲かる」といったものに飛びつく傾向がある気がします。ラクしては稼げないことを、わかっていない人が多いんです。

「ラクして儲ける」という言葉を勘違いしているのかも？

「ラクして儲ける」という言葉が流行ったり「月商7ケタ稼げる」という言葉に飛びつきたくなる気持ちもわかりますが、そういう人は、ちょっとがんばればそこに行けると思い込んでしまいがち…。
いろいろな人を見てきましたが、わたしは、**ラクして儲けられることはない**なと思っています。

そっかぁ。こうして聞いていると、一発逆転を狙うより、**日頃の偏った思考回路をコツコツ見直すのが一番**いい気がしてきました。

そうです！　まずは**思考を見直して、習慣を変える**ことが、しあわせなお金持ちへの第一歩です。

第2章

しあわせな
お金持ちマインドの
つくり方

お金持ちマインドをつくる思考の基本を知っておこう

お金に恵まれるようになるには、**お金が循環する思考を持つこと**が不可欠だということを、1章でお伝えしましたよね。ここでは、わたしたちの人生を左右する「思考」について、詳しくお話しします。

人はこんなに考えている！

ようこ先生。人間って、そもそもどのくらい思考しているものなんですか？

なんと、**1日6万回とも言われている**んです！

しぇーっっ!!!

「意識」ってなあに？

ところでおかねちゃんは、潜在(せんざい)意識っていう言葉を知っていますか？

え？　潜在意識ってなんですか？

おかねちゃんがいつも生活していて、「わたしはこう思っています」と**意識できている部分を顕在意識**、自分でもわかっていない**無意識の部分を潜在意識**と言うんですよ。

潜在意識の特徴

そして、潜在意識にはこんな特徴があるんです。

感情優先

感情が動いたことが、優先的に現実にあらわれやすい。何かを手に入れたいときに、それを手に入れたときの感情を、できるだけありありとイメージできると、現実にあらわれるのが早い

例）「ハワイに旅行に行きたいなぁ」と思ったとき、ただ紙に夢を書くだけでなく、「ハワイに行ったら、裸足で砂浜を歩いて、日光浴をして、お気に入りのお店で夜までショッピングして…あぁ楽しい!」とありありとハワイで過ごしているイメージと、そのときの感情をじっくりと味わう

主語がわからない

たとえば、誰かのことを悪く思うと、潜在意識は自分のことだと勘違いしてしまう

例）「花子ちゃんって性格が悪い!」→「わたしって性格が悪い」ととらえてしまう
「太郎くんは、お金にがめついよね」→「わたしはお金にがめついよね」ととらえてしまう

人にしたことが自分に返ってくるっていうことかぁ！　だったら、人の悪口ばかり言うのは、損しちゃいますね。なるべく言わないように気をつけなくちゃ…。

現実はこうしてつくられる

顕在意識であれこれ思ったことが、潜在意識に全部たまっていくと考えられているんです。そして、その**たまった思考が一定量になると、それが現実にあらわれてくる**と言われています。

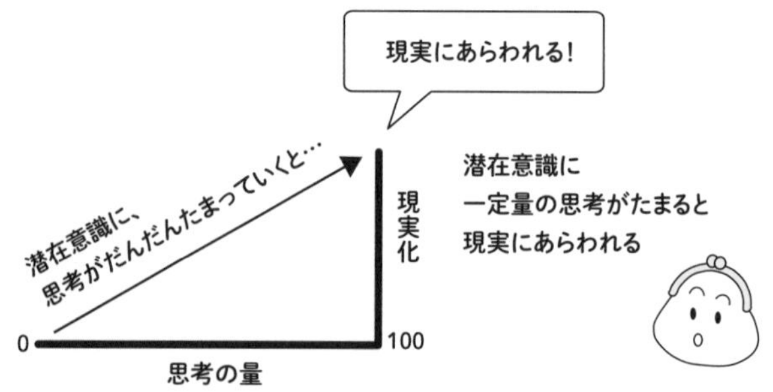

えぇっ!?　じゃあ、「お金がない！」って日頃から思い続けていると、「お金がない」という思いが潜在意識にたまって、それが現実になっちゃうってことですか!?　こわ〜い！
じゃあ、お金持ちになりたいなら**「金ならある!!!」って言い続けなきゃ！**

そうそう。そうなんです（笑）。

願いが叶うスピード

ようこ先生。願いが叶うっていうのは、思考がたまった結果なんですね。では、願いによって、**叶うスピードに差があるの**はどうして?

それには、思考の量が関係しているんです。

多

量

少

思考の量	貧乏思考の現実へのあらわれ方	しあわせなお金持ちの現実へのあらわれ方
	困った! いくら稼いでもお金は 減っていくばかり・・・	やったー! 夫の昇格と わたしの大幅昇給!!
	友人・同僚が 「お金がない」と 困っている	友人・同僚が お給料アップ
	TVなどで 景気の悪いニュースを 目にする	TVなどで 景気のよいニュースを 目にする

近

距離

遠

思考の種類

ちなみに、思考の種類は、大まかに分けると、**ポジティブ思考、あいまいな思考、ネガティブ思考と3つに分類**できます。

100人いたら、99人が
ここにひっぱられがち

20	60	20
ポジティブ思考	ぼ〜っ あいまいな思考	ネガティブ思考

ネガティブ思考は なぜ生まれる?

ようこ先生。ネガティブ思考って、ないほうがいい気がするけれど、なぜネガティブな思考が存在するんですか？

じつは、**ネガティブ思考は、子どもの頃の記憶の勘違いが原因**で生まれると言われています。
赤ちゃんのときには親になんでもやってもらうのが当たり前だけれど、成長とともにだんだんと親が100%手をかけてあげることを減らしていきますよね。

たしかに。でも、子どもからすると、「**愛を減らされた**」と感じてしまいそう…。

そう、ここからネガティブ思考がはじまっていくんですよ。
だから、ネガティブ思考を手放したいときには、**両親への想いを見直すことが大事なポイント**となります。

親との関係からきているなんて、思いもよらなかったなぁ。

思考や潜在意識のクセを知っていると、なぜお金に恵まれる人とそうでない人がいるのか、わかってきます。
次ページから、もう少し詳しく解説していきますね。

column

あなたのお金へのイメージは、親との関係からつくられている

親は子どものことを100％わかっている

小さい頃は、お父さんとお母さんの存在がすべてですよね。

あなたにも、「お父さんとお母さんにわかってもらえない」という気持ちがあったのであれば、その**記憶を一度見直してあげる**といいと思います。

子どもが「ぼくの気持ちなんて誰もわかってくれない」と思っていたとしても、親の立場からすると**100％子どものことをわかっている**ものです。

親は子どもの顔や様子をちょっと見れば、「いま不安なんだな」「甘えたいんだな」と、子どもが言葉にできない思いも汲み取ってあげられますよね。

でも、親はあえて見守ったりしますし、自立させるためにも1から100までなんでもやってあげたりはしません。

「つらそうだな」「がんばっているな」「いま葛藤しているんだな」と、何も言わずに見守ります。子どもはそんな親の視

点を持てないので、必要以上の孤独を感じてしまうのです。

そのあたりを思い返してみるときにはまず、「小さい頃は孤独だったよね」と**大人になった自分が小さな自分に優しく語りかけてあげましょう。**
「寂しかったよね、孤独でつらかったよね」と語りかけてあげて、「でもね、じつはお父さんもお母さんも何倍も何倍も**あなたの状況を把握していて、温かく見守ってくれていた**んだよ」と伝えてみましょう。

小さな頃は、そこが見えなかったから必要以上に孤独な気持ちになってしまったけれど、それを埋めるためにしていたことが、じつは大人になったあなたの**いまの仕事につながっていたり、大きな力がいつの間にか備わっていたりする**ものです。

ですから、「子どものときにはわからなかったけれど、お父さん、お母さんは信じて見守って、大きく包んでくれていたのだから、『あまり孤独に思わないで』『あなたが思っているより親は深く理解してくれていたはずだよ』」と小さな自分に言ってきかせてあげましょう。

お金に対してあなたが持っているイメージは、**親との関係**

性からつくられていると見るといいでしょう。

では親との関係が、なぜお金に関わってくるのでしょうか。

たとえば、親がいつも「うちにはお金がない」と言っていたり、「贅沢はするな。身の丈に合った生活をしなさい」とお金持ちを否定するような言葉を言うような環境で育つと、子どもも同じような価値観を抱く大人になっていきます。

ですから、お金に対してネガティブな思いを持っている人は、親との関係性を見直してみるといいですね。

プロローグでも説明しましたが、お金＝愛。**しあわせなお金持ちで、親に感謝していない人はいない**はずです。

すねた子ども心のままの親への思いは、誰にでもあります。

本当は孤独じゃなかったし、見守ってもらっていて、しっかり心がつながっていたんだよ、とインプットし直せるといいですね。

ちなみに、**お父さんに対する思いは、仕事やパートナーシップへ影響し、お母さんへの思いが、人間関係全般に影響**しやすいようです。ですから、親との関係を見直すと、いままでよりもっと、友達でも仕事でもコミュニケーションがとりやすくなるはずです。

お父さんの稼ぎが少なかったという記憶がある人は…

ようこ先生。この間合コンというものに参加したんですけど、そこで子どもの頃から「お父さんの稼ぎが少ないのよ」と言われてきたという人がいたんです。そういう人って、お金や仕事に対しての価値観がどうなっていくんですか？

おかねちゃん…。合コン…。思考で物事を見てみるときには、最初はちょっとびっくりしてしまう考え方かもしれませんが…お父さんを下げて見ているお母さんが目の前にいるということは、**「わたしがお父さんを下げている??」と一度考えてみる**のです。

えっ!? ビックリ!!!

たとえば、子どもの頃に「お父さんはわたしと遊んでくれないから悪い人」と思ったり、「お父さんが帰ってくると、お母さんを独り占めできなくなるからイヤだな」という理由から、「お父さんなんて邪魔だな」と子ども心に思ったりすることがあります。

そうすると、お母さんが「お父さんはホント頼りないのよ、やあね」というふうに悪口を言い出したりする、って考えてみるんです…。ちょっと最初は抵抗がある考え方ですよね。でも、こうやって一度、記憶をたどり直してみると、きっといろんなことに気づけるきっかけになると思います。

そんなふうに考えたこと、ないです…。
え～。**ちょっと受け入れがたいかも…**。

そうですよね…。
でも、もっとお母さんに甘えていたいのに、お父さんが仕事から帰ってくると、「お父さんなんて帰ってこなければいいのに」「お母さんは自分とよく遊んでくれるけど、お父さんは家にいるときはゴロゴロ寝てばかりで遊んでくれないから、お父さんなんていらない！」なんて子どもながらにお父さんを下げて考えていると、**今度はお母さんがお父さんを下げはじめるという現実を引き起こす**…と考えてみるのです。

自分の思考のクセが、お母さんの言動をつくっていたのかもしれない…って考えてみるっていうこと？

そうです。この考え方には、最初とっても抵抗がある人もいると思います。このことについてはわたしが開設した「思考の学校」の講座で時間をかけて丁寧に、認定講師さんたちと話し合いながら考えたり感じたりして腑に落としていくので、いまは、「へー、そんな考え方もあるんだな」って思っていただけたらうれしいです。

母親が子どもに、父親の悪口を言う場合

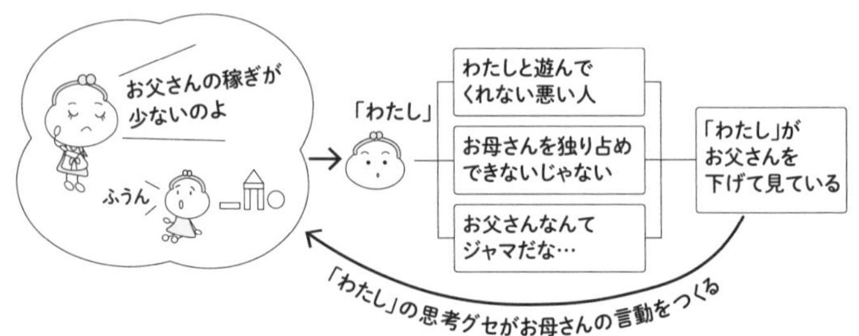

まだわからないことだらけですが、じゃあ、「あ！ **わたしはお父さんのことを下げていたんだ！**」と気づいたらどうすればいいんですか？

たとえば、お母さんがお父さんの給料が少ないとグチをこぼしていた記憶があったとします。その記憶のまま大人になり、思考のことを学び、「なるほど、わたしはお父さんを下げていたんだ。いなくなってしまえと思っていたんだ」と気づいたとします。

そうしたらこんなふうに気持ちを変えてみてください。

「本当はそんなことないよね。お父さんは一生懸命働いてくれていたんだよね。だから家に帰ってきてから疲れて寝ていたんだよね」

「お父さんが帰ってきたら、お母さんがお父さんのごはんの用意をしたり、お世話するのは当たり前だよね、一家の大黒柱だもんね」

「お父さんって、じつはすごい人だったんだ」

こんなふうに**自分の気持ちが変わると、お母さんがお父さんのグチを言わなくなったりする**のです。
そうすると、いままでは、お父さんとお母さんの仲が悪く見えていたものが、「あれ、ものすごく仲がいいじゃん」と思えるようになったという事例はたくさんあります。

じゃあ、母親が「うちの主人の稼ぎはそんなにたいしたことないんですよ」とママ友に不満を言っているのを聞いた子もいます。この場合はどうなんですか？

子どものあなたからすると、お父さんとお母さんの仲が悪く見えていたとしても、**文句を言えていること＝仲がいいという夫婦もいます。**ケンカのひとつもできないほうが、かえって絆が浅いということもありますよね。

ほうほう…。

お父さんとお母さんの仲が悪くて嫌だなと思っていても、子どものわたしには夫婦仲が悪そうだったり、お母さんがお父さんをバカにしているように見えていたけれど、じつは**子どもにはわからない深い絆**があって、お父さんのことをグチっているのも、もしかしたら「お父さんはここで終わる男じゃないわ」という気持ちの裏返しだったのかもしれません。

そっかぁ。**夫婦って、奥が深いなぁ。**

子どもの勘違いはよくあることなんです。

子どもの頃の勘違いが、自分の価値観をつくり、いまの自分をつくっているんです。

もし、

「自分は稼ぎ続けるしかない」

「旦那さんに負担はかけられない」

など、自分が苦しいと思う信じ込みがあるのならば、その元になった思いを見直して、

「それって本当かな？」

と考え直したほうがいいですね。

こんなふうに**新しい視点で記憶を見直せるようになると、いまの自分の苦しい気持ちがなくなっていきますよ。**

子どもの勘違いはよくあること

「お金は○○だ」＝「愛は○○だ」

わたしがお金の話でいつもポイントとしてお伝えしていることは、**潜在意識は主語がわからない**ということです。

潜在意識は主語がわからない!?
いったいどういうことですか？

例をあげて解説しますね。
わたしは、相談にきた人たちには、お金に対してどんな思いを持っているのか、お金に対してどんなネガティブな思いが隠れているのか、じっくり見直してもらいます。
そして、**お金に対してどういうイメージを持っているのか**をみんなで話し合い、参加者に発表してもらいます。

みんな、それぞれ違うイメージを持っているんだろうなぁ！

お金とは○○	愛とは○○
・お金はすぐに消えてなくなるもの ・お金はわたしを豊かにしてくれる ・お金を持つとめんどうなことになる	・愛はすぐに消えてなくなるもの ・愛はわたしを豊かにしてくれる ・愛はめんどうだ

「お金とは◯◯だ」という人それぞれのイメージは、かならず「愛とは◯◯だ」というイメージとまったく同じになります。

「お金とはすぐに消えてなくなるものだ」
と思っている人は、
「愛とはすぐに消えてなくなるものだ。いまだけでしょ」
と思っているのです。

へぇ〜、おもしろい!

自分がお金にどんなイメージを抱いているかを探っていくと、とくに愛情においてどう思っているかがわかります。
愛情は人生の根幹ですよね。

本当のところ何を思ってお金を扱っているか、本音で思っていることが叶っているだけなのです。
じつは**普段口にしなくとも、ずっと思い続けていることが、叶っているだけ**なのです。

人からお金のアドバイスを受けて迷ったときの心理

たとえばAさんとBさんがいて、真逆のことを言ってくることがありますよね。
Aさんは「やりなさい、やりなさい、それは絶対にやりなさい」と言います。Bさんは「それはやめたほうがいい、絶対にやるな」と言ったりします。

ど、どっちにしたらいいんですか…？

これは自分が**両方の思いを持って迷っている**ということなのです。やりたい半分、やりたくない半分になっているということ。これがもし**自分の腹が決まっていたら、みんなに同じことを言われるはず**です。

真逆の意見を言われたとき

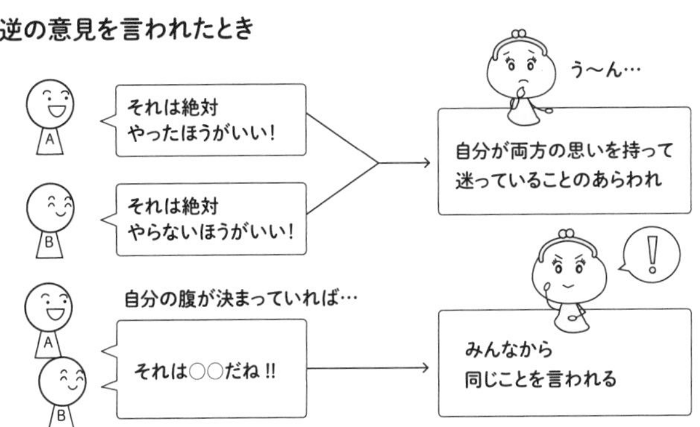

なるほど!! 自分の迷いのあらわれなのかぁ!

それに気づくことが大切です。
まわりの人がいい人か、人の夢を邪魔する意地悪な人かということではなく、**自分の隠れた思考を、まわりの人たちの言動を通して見せられている**のです。

たとえば、「わたしはこんなことがしたいです」と伝えたときに、「それは絶対に成功しないよ」と言われて腹が立ったとします。でもそれは、そう思っている自分がいるということ。**そこを見たくないのに言われてしまったから腹が立つ**のです。

腹が立つことを言われたとき

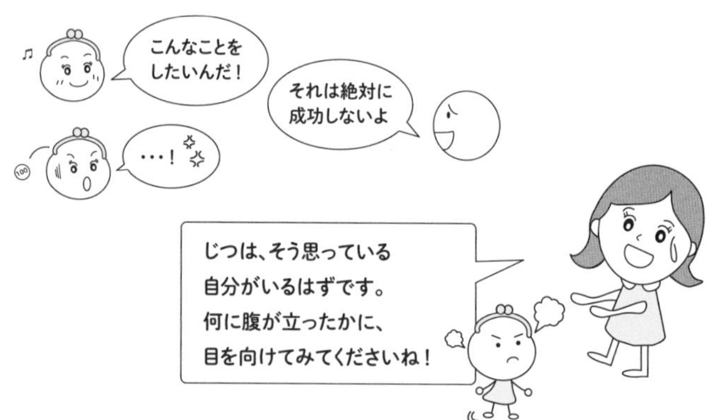

ですから、拒絶せずに、**何に腹が立ったかに目を向けることが大切**です。

「わたしはなぜ絶対に成功しないと思っているのかな」

「何が怖いのかな」

「わたしはやるべきことをやっていないのかな」

と考えていきます。

そこで、「親が失敗していたし、自分も同じ道を歩んで失敗すると思っているから怖いんだね」と気づいたとします。

そういうときに、**「わたしは本当はそう思っているんだ」と気づいて**「逃げないほうを選択しよう！」と決めると、いままで反対していた人が応援してくれるようになったりします。

逃げないと決めたら現実が変わってくるのかぁ♪
腹を決めてみよう！

腹を決めると物事は変わる

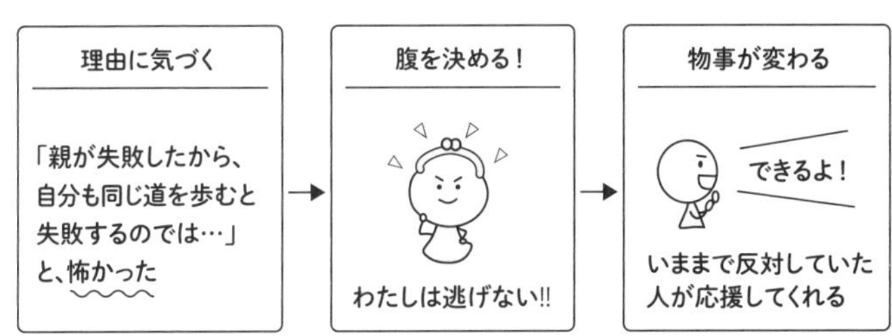

きょうだいの順番による お金への思考グセ

きょうだいの順位によって、思考の大まかな傾向がわかります（あくまでも傾向ですので、すべての方に当てはまるというわけではありません）。

末っ子

末っ子さんには人なつっこい方が多いですね。悩み事があるときには、「聞いて、聞いて！　わたしに注目して！」と**アピールする方が多い**です。大げさに言うと「いつもわたしはかまってもらって当然♪」なんですよね。

これは、小さな頃から、家族のなかでずっとかわいがられ、**かまい続けてもらったから**なんです。

上の子の場合は、下の子が生まれたら、自分が一番手をかけられることから外れる経験をします。そこで「自分でやらないといけないんだな」という気持ちがどこかで育まれるのですが、下の子にはいつまでもそれがありません。

ですから、お金に対しても「優遇されて当然」「得をして当然」と無意識に思っていたりするので、**お金の損得に対して敏感な方が多い**ですね。

長男長女

長男長女さんは、ものの値段が安いかどうかよりも、それに**価値があるかどうか**に惹かれます。

一番トップで生まれたので、**無意識のうちにリーダーの自分、トップの自分にそれはふさわしいかということを見ています。**

不動産など、揺るぎないものを求める傾向があったり、権威があるもの高級なものに惹かれたりする方が多いのです。

そして長男長女さんは、**頼ることや弱さを見せることが苦手**です。ですから、意識してまわりに頼ったり、助けてもらうことをしていくといいでしょう。

頼る、任せるということができれば、**組織をもっと大きくできますし、パートナーとも深い絆を築く**ことができます。

真ん中っ子

真ん中っ子さんにとって一番大事なことは、自由気ままでいられること。自分独自の道を進むことです。どこにも所属しないで、とらわれないで、わが道を極めたい人が多いですね。何かを所持することに執着していないのです。

ですから、不動産を持つことなどもあまり興味がありません。自分が自由を感じられることにお金を使います。

自分の可能性を増やしていきたいという場合には、もっとまわりの人としっかりつながっていくこと。これを意識的に行っていくことで、新しい自分に出会え、ぐっと成長できます。

また、欲をむき出しにする人はあまりいません。執着することがカッコ悪いと思っているため、す〜っとみんなの輪から身を引くところがあります。
「誰もわたしの気持ちなんてわかってくれないよね」という心の声は、表面上は「めんどくさい。わずらわしい」という言葉になって出てきます。でも、**問題が起こったときに、ちょっとがんばってまわりのみんなと関わってみると「世界はわたしに優しかった」と気づく**のです。

きょうだいの順番によるお金に対する思考グセ

ひとりっ子

ひとりっ子さんは、基本的に**ひとりが好き**です。

たいていはきょうだい間で、「わたしより弟のほうが大事なんでしょ」「ぼくよりお姉ちゃんのほうがかわいいんでしょ」など、ひねくれる機会があるのですが、ひとりっ子はそれがなく、挫折をしていないので、**自己肯定感が高い**傾向があります。

ですから、仕事で結果を出すのが上手です。ひとりでパーっと終わらせて、成果を出します。人と組んですることがめんどくさいので、人に説明するくらいだったら、自分ひとりで終わらせるほうがラクだと思いがち。

でも、誰かと組んだほうが結果を出しやすく、そのほうがお金もたくさん入ってくるようになります。それに自分ひとりでいるより、より成長できますよね。**「みんなと協力し合えると、いままでよりもっと、すばらしい自分に出会えるよ」というイメージがつくと、もっと稼げるようになりますね。**

大人数のきょうだいの場合

大人数のきょうだいも、きょうだいの順位によって思考が違います。大人数のきょうだいの一番上というのは、リーダー気質がとても強い方と言えます。

4人以上のきょうだいで、2番めや4番めの場合

4人以上の場合でも、基本的に真ん中が何人いようが、**1番めに生まれた人と末っ子さん以外は全員、真ん中っ子さん**として見ます。ただ年齢の差での違いはあります。

10歳ほど離れていると、お互いにひとりっ子っぽい経験をしていたりするものですが、2〜3歳離れているだけなら、上下関係や、恨みなどが割と生じやすいですね。

年齢差が1歳違いであればそれほど差はありませんが、**3歳離れると、差が出てくる**ことが多いですよ。

column

食事をごちそうしてもらったとき、きょうだいの順番で反応が違う

末っ子さんかどうかは、食事をおごってもらうときの態度を見るとわかります。

「ありがとうございます」と、手放しで喜びます。

でも、頭のなかは「おごられて当然でしょ♪」(笑)。「だって、わたしかわいいんだもん♪」「ラッキー♪」という感じです。

「もらうのは当然♪」から「与えるってうれしいこと」に変わると、きっといまより稼げるようになりますよ。

一方、長男長女さんがおごられると、

「どうもすみません」「わたしが出します」「申し訳ない」という気持ちになる人が多いのです。これを**「喜んで受け取ろう」に変えると、もっと受け取れるようになります。**

まわりの評価を受け入れるようになると、人生がどんどん好転するでしょう。

真ん中っ子さんも、どちらかと言うと長男長女さんに近いです。「悪いなあ」と思っている人が多いと思います。

ひとりっ子さんは、人によって違うものの、末っ子さん寄りです。ですから、**ごちそうしてもらうことを当たり前だと思わずに、時には自分も誰かにごちそうすることを心がけるといい**ですね。

食事をごちそうしてもらうと…

第3章

稼げる人、稼げない人の究極の習慣

稼げる人、稼げない人の思考回路の違いとは？

ようこ先生、ワタシ思うんです。仕事でお金をしっかり稼いでいる人と、稼げていない人っていますよね。どうしてなのかなぁ？　どこが違うのかなぁ？

おかねちゃん。それはいい質問です。
これって、その人の思考回路の違いが原因なんですよ。そもそも**「ラクラク稼げる！」と思っている人**と、**「苦労しないと稼げない…」と思っている人とに分かれます。**この思考は、親の姿に影響されることも多いですね。

お金の稼ぎ方へのイメージも、**親に影響される**のかぁ…。

そうなんです。ちょっと考えてみてください。「苦労は嫌なこと」というイメージがありますよね？　好きなことは徹夜してでもできますが、嫌いなことは徹夜したらつらいと感じます。

う〜ん。たしかに。

何かをしたことで得られるものがお金です。
誰かに対して、何かサービスを提供したら、それがお金と

して返ってきますよね。
「労働＝苦労」「お金は汗水たらして稼ぐもの」というイメージを強く持っている人は、自分の好きなことではお金を稼げないと思っている傾向があります。

それはあるかも！

でも、**「ラクラク稼いじゃった♪」と言っている人も、じつはすごく努力しているものなんです。ただ、本人がそれを苦労と思っていないだけ。**

「あの人は、ラクして稼いでずるいなぁ…」と思う人がいたとしても、見えないところで、10年間ずっと下積み生活を送ってきているかもしれません。
理由なくして、お金が入っている人はいないんですよね。

そうだなぁ。好きなことでなければ、がんばれないかも。**積み重ねることや、投げ出さずに当たり前のことができるかどうかが大切**っていうことなのかなぁ。
ようこ先生、それなら納得できます！

そうです！　小さい頃、お手伝いをきちんとしたか、習い事を続けられたか、そういうことも関係してきますよ。習い事をすぐにやめてしまう子、コツコツ続けられる子がいますが、やはり続けられた子のほうが、仕事もコツコツ取り組めます。

親のお手伝いをきちんとしていた子とそうでない子も、仕事ができるかどうかに関係してきます。
ちなみに、**身体を動かさなくても、頭を使うことも仕事のひとつ**です。

あ！　肉体労働のような身体を使う仕事が働くというイメージで、それ以外の仕事は悪だと思っている人もいます。それってどうなのかなぁ？

そういう人は、肉体労働が正しくて、頭脳労働はずるいというイメージを持っている場合もあるかもしれませんね。

なるほど〜。

もっと稼げるようになりたかったら、まずは「親がしんどそうだったから、苦労しないと稼げない」「お金は苦労して稼ぐもの」という思い込みを、**「ラクにでも稼げる♪」「お金は楽しく稼ぐもの♪」**というものに変えられるといいですね。

稼げない人の残念なログセ

ようこ先生。この間お話しした新入社員さんが、「社長はゴルフばかりをしていて、全然働かなくてムカつく」という発言をしていたんです。この発想、わかるような、わからないような…。

ズバリ言います。「あの人はラクして、わたしたちをこき使って腹が立つ」と思っている人は、**間違いなくお給料は上がりません。出世もできません！**

ヒイィッ！ じゃあ、**お給料も上がって、出世もできる人**は、どういう思考をしているんですか？

「うちの社長は接待でゴルフに行っている。そうやって**社長は人脈を広げて仕事をとってきてくれているんだ」という思考**です。

「わたしたち従業員と働き方の種類は違うけれど、そうやって、人とのつながりをつくってくれて、わたしにはできないことをやってくれている。ありがたいな」そんなふうに思える人が、上へ上へと上がっていける人です。

う～ん。そうかぁ。**視野が広いなぁ。**

上に上がっていけない人は、「またお給料から保険分をこんなに引かれた」なんて損したことばかりに気持ちが向いてしまいます。

トップの人が、じつはどれだけ責任をとってくれているのか、ということが見えずに、「ラクしていてずるいな」「わたしのほうが社長より苦労している」と思っている人は、いつまでたっても稼げないんです。

お給料が上がり、出世できる人の思考

そもそも、自分の働いている**職場に不満がある人は、稼ぐのが難しくなってしまいます。**ときどき、

「こんなブラックな会社、辞めてやる！」

と思っている人がいますよね。ブラックな会社にいるということは、

「わたしのなかにブラックな何かがあるのかな…？」

と考えてみてほしいんです。

ま！　まさか!? **ブラックな自分**がいるんですか!?

わたしのもとに、

「うちの会社は、ブラックなんです！」

と嘆いてくる方が、いままでにもたくさんいました。

その方たちは、

「上司がこんなにひどい」

「会社の待遇が悪すぎる」

といったたくさんの不満を抱えていたんです。

でも、探ってみると、じつはその人自身が、誰かに支配的な態度をとってしまっていたり、誰かに冷たく振る舞っていたり、いじわるをしていたことがわかりました。

えっ!?

つまり、それって、**自分のしたことが返ってきちゃっている**ということですか？

そうなんです。
だから、会社を批判する思考を見直して、「自分はこの会社に雇ってもらって、本当はたくさん守られているんだ。文句ばかり言ってごめんなさい」
という気持ちになれるといいですね。

そして、**会社に対して心から「ありがとう」**という気持ちになれると、待遇がよくなったり、他社から引き抜きの声がかかったり、嫌だと思っていたお局さまが転勤になって、とてもいい上司が入ってきたり、お給料が上がったり…と、**目の前の環境が変わりはじめる**んです。

へぇ～！　思考を変えると現実が変わるんだ！
じゃあ、会社に不満がある人は、そこを見直すことで、お金の流れが変わってくるということなんですね。
すごいなぁ！

職場に不満がある人は稼げない

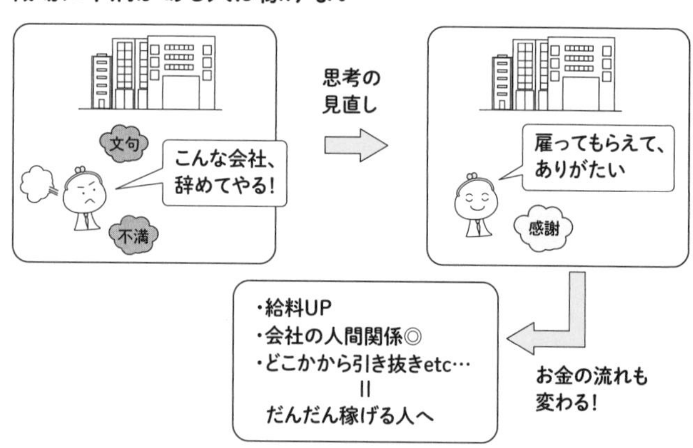

column

思考の見直しをすると お給料が上がる

思考を見直すと、たいていの人は、お給料が上がっていきます。そればかりでなく、自分が直接お給料をいただかない立場の方、たとえば専業主婦なら、**旦那さまのお給料が上がる**ということもあるんです。

これまでに思考の学校に来てくださった専業主婦の方たちは、旦那さまのお給料がほぼ100%上がっていました。

一緒に働いている人や、社員さん、社長さん、旦那さんなど、まわりにいる腹が立つなぁと思う人を見ていくと、現実が変わりはじめます。

不満を持っているときは、「相手が悪くて、わたしは被害を受けている」という思考になっています。

でも、「**腹立たしいあの人も、わたしの思考がつくっているんだ。わたしが原因なんだ**」ということがわかると、その相手が変わるのです。

「あの人は悪い人、わたしは被害を受けている人」というイメージでは、「わたしが変わる必要はありません。この人が悪くて、わたしは悪くないのですから」と思っているということ。そうなると、現実は何も変わらないのです。

でも、「この腹が立つ人を、わたしの思考がつくってしまっているのだよね。だったら、わたしの思考が変われば、この人も変わるんだから思考を変えよう！」と考えを転換できると、本当に現実が変わるのです。

自分とまわりを、いいことも悪いことも切り離して考えないことです。

もしかしたら、その相手が転勤になるかもしれませんし、嘘みたいに優しい人になるかもしれません。

どう変わるのかは、やってみてのお楽しみです。

すべて自分の思考がつくり出している

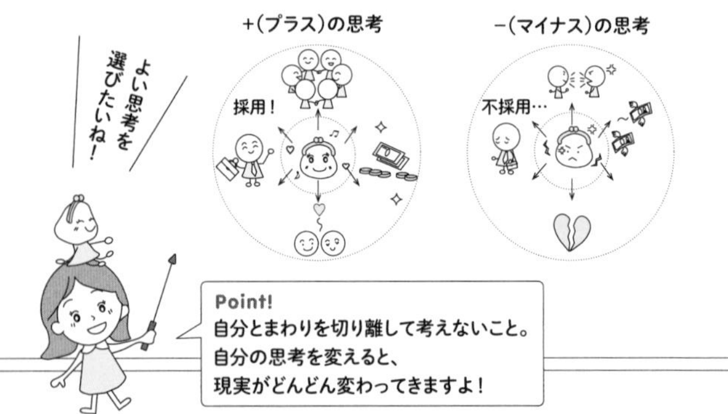

会社勤めのまま収入をグッと上げたいとき

ようこ先生。よく、
「俺は会社勤めだから収入が上がらないんだよ、ちくしょー！」
と飲み屋さんで騒いでいる男性がいますが、実際のところどうなんですか？

あら、おかねちゃんは飲み屋さんにも出入りするのね（笑）。
会社勤めだからといって、**お給料が上がらないというのは思い込み**です。
会社員の方が収入を上げたいなら、会社に対してどれだけありがたいなと思えるかが鍵です。「自分がこの会社を**経営する立場だとしたら、どういうふうに働くだろう**」と考えて働いていると、うまくいきます。

たしかに、不満を言っている人は、経営の立場では考えていないかも。だって飲み屋さんですぐ酔っちゃって文句ばかりになっているし！

たとえば、
「30分も残業させられて！」
と怒る人も、もし自分が経営者だったら、そんな文句は言わないと思いませんか？
「自分が経営者だったら」という視点で、お客さまと接したり、みんなとチームを組んだりできると、絶対にまわりの環境が変わってくるはずです。

じゃあ、**税金のことで文句を言うのもよくない**のかなぁ。

そうですね。給与明細に記載されている税金の金額を見て、
「お給料からこんなに引かれている（怒）！」
と思う人がいますよね。でもそれは、会社が負担してくれているのです。**ひとり雇うのにどれだけ大変か**ということなど、雇われている立場では、なかなか思い浮かびません。

それに、税金で道路をつくってもらったり、公共施設を利用させてもらったり…と、自分ひとりではできないことをたくさんしてもらっているのだから、とってもありがたいことなんですよね。

たしかにそうでした！
お金の立場からしても、税金という形でお金が世の中に循環して、みんなのしあわせに役立っているのはうれしいことだなぁ。

旦那さんのお給料が
いつまでたっても上がらないとき

この間、通りすがりの喫茶店で「旦那さんのお給料がいつまでたっても低い」とまくし立てている女の人がいて、ワタシちょっと悲しくなっちゃったんです…。

おかねちゃん、『家政婦は見た！』ぐらいいろんなところに出没しているんですね（笑）。お疲れさま。
旦那さんのお給料についての相談は、じつはかなり多く寄せられます。

このケースのポイントは、「うちの旦那はお給料が上がらない」と**奥さんが決めつけてしまっている**ということに気づくかどうかです。
思考が現実になるわけですから、決めつけてしまっていると、そのとおり、いつまでもお給料が上がらない旦那さんができあがるわけなのです。

ふ、不幸！

現状を変えたいのなら、旦那さんのことを、**知らず知らずのうちに見下している自分をやめること**です。そしてこんなふうにしてみるといいですよ。

旦那さんを立てる！と決める

旦那さんのいいところを書き出す

例）・遅くなってもかならず帰ってきてくれる
・自分のお小遣いは少なくても、お給料をしっかり渡してくれる
・子どもと遊んでくれる

毎晩寝る前に旦那さんのいいところを書き出したことで、**旦那さんの魅力に気づいて自然と尊敬できるようになり、**いつの間にかお給料も上がっていた！ というううれしい経験をした女性がたくさんいるんです。

へぇ〜！ **素敵♪**

ね！ もっと旦那さんのことを尊敬できると、絶対によくなるはずですよ。ぜひやってみてくださいね。

会社員のままお給料が劇的に上がった人の話

「会社員はお給料があんまり上がらない」という思い込みを持っている人は多いですよね。
でも、この**思い込みをはずしたら、外資系大企業から、なんと、年収1200万円アップのオファー**がきた人がいます！

キャーっ!!　ミラクル!!

奥さまが自分の思い込みに気づき、
「会社員だからって、お給料が上がらないと思っていたけど、それって違うよね！　**だって、『金ならある』だし!!!**」
と旦那さまに話をした1、2日後くらいに、オファーがきたのです。しかも2社も！

2社も!?

36歳の会社員で年収2500万なんて、とてつもない金額ですよね。それまで、日本の企業でコツコツ働いていたので、あまりの展開の早さに驚いていました。

思い込みに気づいただけで、なんだかすごい展開…！

そのことがあってからは、ご夫婦ともに、お金に関するネガティブな思い込みが消えたようで、自信を持って仕事に励んでいると言います。ちなみに、その後、**奥様も年収が2倍になった**ようですよ。

ワタシ、クラクラしてきた…。

思考を変えると、お金の面で変化があらわれやすいのです。
だまされたと思って試してみてください。
自分の思い込みに気づけた分だけ、みるみる現実が変わりますから♪

臨時収入が入ってくる理由！

ようこ先生。ようこ先生のおうちに遊びにきた人たちが
「臨時収入が入った！　わーいわーい！」
ってよく言ってるじゃないですか。どうしてなんですか？
ワタシもほしいなぁ。

おかねちゃん、うらやましいんですね（笑）。
わたしが「思考の学校」をはじめる前から開催していた「お金の制限をはずす会」では、**受講者のみなさんの90%以上の人に臨時収入**が入っていました。

な、なんと!!!

臨時収入が入るのは当然のことなんですよ。
子どもの頃からの勘違いで、わたしたちは、「愛をちゃんともらっていなかった」と思っている部分があります。
でも、それぞれの人の話を詳しく聞いてみると、
「本当は愛をもらっていたんだよね」
ということがわかってきます。

愛＝お金って、教わったような。

そうです。**愛＝お金**です。**いままでないと思っていた親の愛が、「じつはあったんだ」と思えるようになると、入ってくると思ってもいなかったところから、お金が入ってくる**のです。それが臨時収入という形となってあらわれます。

へぇ〜！　それで思考のお話を聞いたあとに、お金のめぐりがよくなってくるということかぁ。

そうそう。「思考のしくみをもっと知りたい」と勉強して、思い込みや愛に気づくようになってくると、さらに臨時収入が入ったり、安定してお給料が上がったりするんです。

そう言われると、なんだか、お金が入ってくるということが、思い込みに気づけたっていうバロメーターになりそう。

そうなんです。**「愛をもらえていない」という勘違いの不足感がなくなっていくと、お金が入ってきます。**これは、会社員の場合でも、自分で事業をしている人の場合でも同じ。

愛情への思い込みに気づいて、**心が安定して、収入もゆるやかに上がっていくのが理想的**です。そのほうが、お金ばかり追い求めるよりも、結果的にずっと豊かになっていきますよ。

column

仕事が発展していくときに気をつけたいこと

わたしが10代の頃、ある男性経営者に出会いました。

その男性はいろいろと多角経営をしていて業績は伸びており、誰からも憧れられるような存在でした。でも、いつからか、アルコール中毒になってしまい、お酒で身体を悪くして亡くなってしまったのです。

事業をとてもいい形で拡大できる人は、親への感謝や社会への感謝と還元の気持ちを持って取り組んでいます。

ところが、「俺を認めさせてやる！」という思いや、社会に対して攻撃する気持ちを原動力にして事業を拡大させてしまうと、結局は自分を攻撃する病気や出来事になって、自分に返ってくるのです。

社会に対する怒りをベースに仕事をしていると、たとえそれが正義だとしても自分に返ってきてしまいます。

それよりも、「**自分を生かし、育ててくれた社会に対してどんな貢献ができるのか？」という思いで仕事ができるといい**ですね。

仕事がうまくいく人、いかない人

そもそも、仕事がうまくいく人といかない人って、何が違うのかなぁ？

とっても簡単に言うと、**仕事がうまくいく人は、何があっても人のせいにしない人です。逆に、うまくいかない人は、何かあるたびに人のせいにする人**です。

ほぇ～！

ちょっと考えてみてほしいんです。何かうまくいかないときは、きっとまわりを下げているはずなんです。
物事がうまくいかないと、つい落ち込んでしまいますよね。
「落とされている」と感じることがあるなら、自分自身も、どこかで誰かを落としているのです。

そ、そんなぁ～！ これまでに、落ち込むこと、いっぱいあったなぁ…。

おかねちゃん、大丈夫（笑）。うまくいかないなぁと思ったときには、「わたしは誰かのことを下げていないかな？」と考えてみましょう。

日頃から**「絶対にまわりを下げないぞ」と決めることも、とても大切**です。つまり、「自分を絶対に下げないぞ」と決めることにつながるので、現実がどんどん安定していくようになります。

「まわりを下げない。自分も下げない」っていうことかぁ。

そうそう。
一緒に仕事をしている人や家族に対して、**どんな思いを持って接しているか**、ちょっと見直してみてください。
まわりの人たちを蹴落とすことまでしている人は多くないかもしれませんが、心のなかで自分より下に見るということは、案外気軽にしていませんか？
この習慣を、手放せるといいですよね。

まわりを下げなくなるステップ

「あ。またバカにしているかも」と気づく

➡ **「やめよう。やめよう」**と思考をストップさせる

➡ **「この人にはこんなにいいところがある」**と相手のいいところを認めていくよう心がける

➡ **自分のすばらしいところをまわりから認めてもらえるようになる**

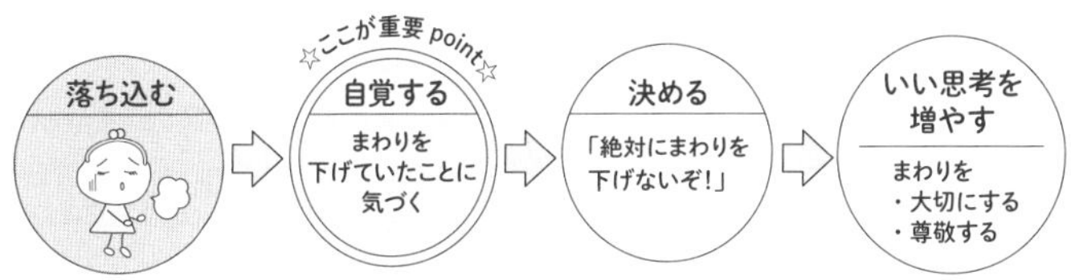

まわりの人を信頼できると、組織もうまくまわりはじめる

チームで仕事をするのが得意な人とそうでない人には、どんな違いがあるのかなぁ。

それはズバリ、**まわりを信頼できているか、いないかの違い**です。組織をうまくまわせる人と、そうではない人、また、一見うまくまわっているように見せていて、実際は戦場のようになっている人がいませんか？

たしかに！ いろんな状況の人がいるなぁ〜！

組織が大きくなればなるほど、働いている全員の姿が見えにくくなりますよね。頻繁には会えなかったりもします。その見えない部分をどれだけ信頼して任せられるかが、大事な鍵になるんです。

そうか！　だから、**まわりを信頼できない人は、チームを大きくできない**のかぁ！

そうそう。**組織をうまくまわしたいなと思ったら、「見えていないところも信じる！」と決めてみましょう。**動かすお金も大きくなり、うまくまわりはじめるはずですよ。

自信を持って
イキイキと働くには?

ようこ先生。仕事って奥が深いなぁ。
この間、カフェで「わたしは自信がない」と言って泣いている人を見かけたんですけど、仕事に自信がないとお金もまわらなさそうだなぁって思っちゃって…。実際はどうなんですか?

おかねちゃん、ホントによく出歩いていますね(笑)。
自信がないという人は、自分と誰かを比べているという特徴があります。比べるから自信をなくしたりするのです。

それって、**人をジャッジしている**ということですか!?

そうです。
ジャッジする行為は、「この人はこういう人、わたしは違う」と思うことからはじまります。
だから、まわりをジャッジしている自分に気づかなければ、自信がない自分から抜け出せません。

まずは気づけばいいのかな。

そうそう。
「わたしはこうやって人のことをジャッジしている」ということに、まずは気づきましょう。そうすれば、「こうやってわたしは自信をなくしていたんだ」と気づくことができて、自分を下げる行為をやめるようになります。

え〜。
でも、まわりをジャッジしている自分に気づいたときに「こんなふうに思っちゃダメ！」「こんなふうに思うわたしは最低！」ってますます落ち込んじゃったらどうしよう…。

どんなふうに思ってもいいので、「わたしはこの人のことをこういう人だと思っているんだね」と、とりあえず受け入れてみましょう。
正しいかどうかを判断しなくていいんです。

じゃあ、**ブラックな感情がわいちゃってもいいんだ！**

どんな気持ちでも「わたしってじつはこう思っていたんだ…」と受け入れることができると、ありのままの自分を認めることができるようになります。

わいてくる自分の感情を、残らず認めてあげることができるようになると、自分のことを認めてくれる人がまわりにあらわれるようになってくるんです。

まずは、どんな感情も認めることが大事なのかぁ〜。

そうなんです。そうすると、虚勢を張らなくてもよくなり、**完璧でない自分にもOK**を出せて、人とラクに付き合えるようになりますし、まわりを活かす仕事ができたり、自分自身を活かしてもらえる場所も与えられるようになってきますよ。

カフェで見かけた女性に、教えてあげた～い！

自信のない人というのは――

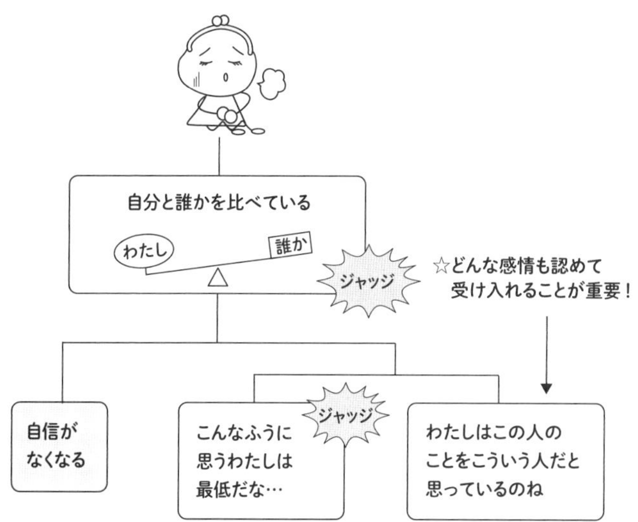

円満退職した人は
お金にも恵まれる

この間、おでん屋さんにひとりで入ってみたら、「会社を辞めたいんだ」って相談されたんです。いまのご時世では、転職が多いのかなぁ。

おかねちゃんは、おでんが好きなんですね（笑）。
このところ、転職は増えています。会社を退職するときに、ぜひ心がけてほしいことがあるんです。それは、勤めていた会社に感謝して、**円満退職を心がける**こと。

わわ！　**文句を言って辞める人が多い**気がします！

そうなんです。
でも、「こんな会社なんて辞めてやる！」という考えで退職してしまうと、そのあとで稼ぐのに苦労してしまうことがかなりあるんです。

たとえば、独立してうまくいったとしても、どこかで裏切りに遭ってしまったり、会社を移っても、トラブルが起きたり、評価されなかったり、収入が下がったりしてしまうということが起こりがちです。

ここ、こわ〜い!!!

会社を辞めること自体はいいのですが、自分が会社に所属していたことで、じつは**どれだけ守られていたのか、どれだけ恩恵を受けていたのか**、というところに気づいてほしいですね。

感謝して辞めるところまで、できていない人のほうが多いような気がするなぁ。

「嫌いな会社だから辞める」と考えていたとすると、思考の世界では、自分を嫌っているということになります。
シビアな言い方をすると、**自分の嫌な部分を会社に見ている**のです。

ギョギョギョ!!!

円満退職できることがベストですが、辞めるその瞬間は感謝できなくても、あとからでも「いい会社だったなぁ」と感謝できることは、絶対にいいことです。

辞める会社を「すばらしい」と思えていない間は、自分のことも「すばらしい」と思えていないということ。
そう考えると、「いい会社だった」と思えるのは、早ければ早いほどいいですよね。

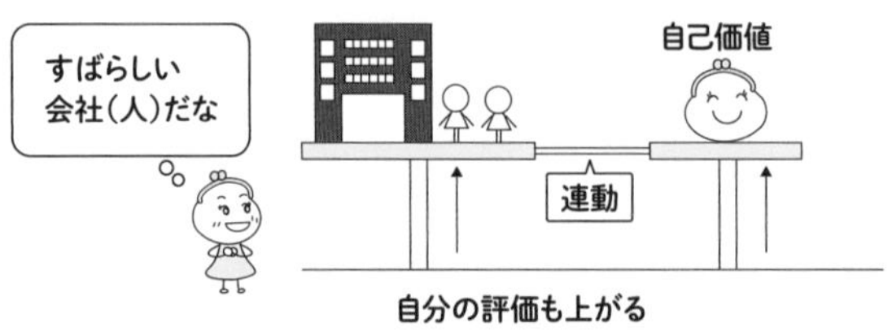

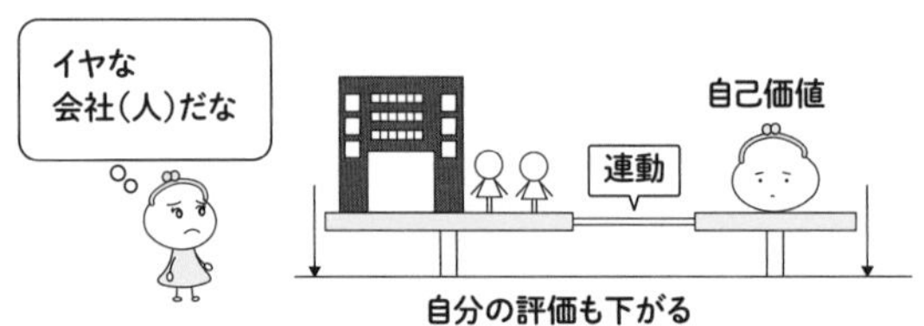

ほかの会社に対しても、ほかの人に対しても、「すばらしいな」と思えるようになることは、**自分の価値を上げる**ことにもなるのかぁ。

そう。**反対に、会社に不満ばかり抱いた状態で退職したとしたら、会社を下げている分だけ、自分が下げられる扱いを受けてしまいます。**自分への評価が低ければ、当然お給料は上がらないですよね。
退職するときには、**どれだけこの会社で恩恵を受けたか**を考えて、感謝できるようにしましょう。

ようこ先生、ワタシ、このおうちを旅立つときには、「**こんなにお世話になって、ありがとうございます！**」って言います！

上司に恵まれる人と恵まれない人の違い

ようこ先生。「上司に恵まれている」「チームに恵まれている」と言う人もいれば、「上司がダメだ」「うちのチームは最悪だ」と言う人もいます。
この違いはどこからきているんですか？

そうですね。
子どもの頃に経験したことや、子どもの頃につくられた価値観というのは、大人になっても色濃く影響するものなんです。
親は幼少期のイメージでは、家族という組織のなかでのリーダーですよね。それが、大人になると、所属する組織のリーダーである上司と重なるんです。
同じように、同僚はきょうだいへのイメージと重なります。

なるほど〜！

ですから、**上司に言いたいことと、親に言いたいことはリンクしている**はずです。
親のことが好き、尊敬している、と思っている場合はそのままでもいいのですが、もし、上司や同僚に対して反抗的な気持ちや被害者意識など、負の感情を持っている場合は、

要注意。そのままではなかなかうまくいきません。

え〜!?
じゃあ、負の感情でモンモンとしているときは、どうしたらいいですか？

もし**現実を変えたかったら、まずは上司に対してどんな不満を言いたいかを考えてみましょう。きっとそれは、親に対して思ってきたことと同じ**はずなんです。

そこに気づいたら、**「わたしは自分の親に対してこういうふうに感じているんだ」**と見ていくといいですね。
気づけば、変わっていきますよ。

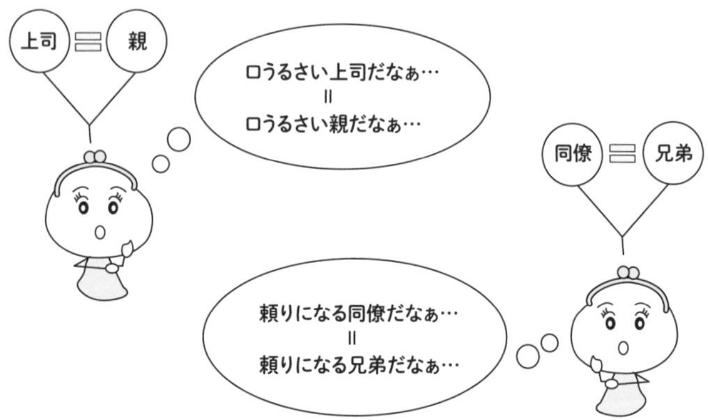

お金がしっかり入ってくる、仕事への取り組み方

ワタシ、仕事にイキイキと取り組んでいて、なおかつお金もしっかり入っている人に憧れるんです。この間も、ミルクティーを飲みながら、うっとり考えたんです。
ようこ先生、どうしたらそんなふうになれますか？

おかねちゃんはミルクティーも飲むんですね〜。
いい質問です。
仕事で確実に稼いでいる人は、自分が関わった人の役に立てている人です。

縁があって関わった人がしあわせになるために、自分が何をどれだけ提供できるのか、ここに尽きます。
相手を本当にしあわせにできた分が、確実なお金になると、わたしは思っているんですよね。

なんだかいいお話！「本当にこの人の役に立ちたい」っていう、相手への思いがあると、同じ仕事をしていても結果が違ってくるかも！

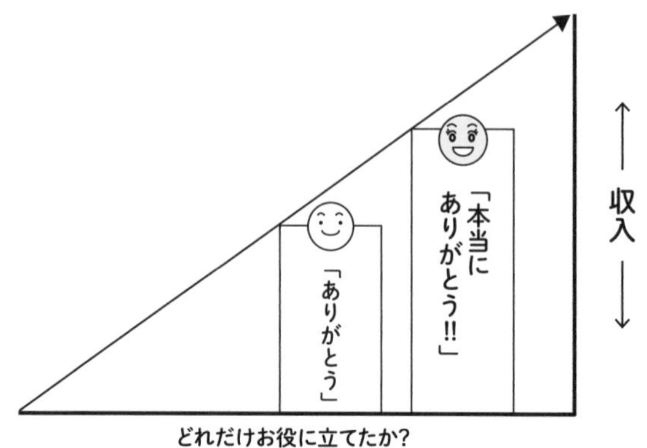

わたしはいつもみなさんに、
「自分とまわりを切り離して考えないようにしよう」
と伝えています。

仕事の取り組み方でいうと、お客さまと自分を切り離して考えないで、自分にサービスを提供するような気持ちで
「どうやって応えよう」
「できることをしたい」と考える感覚でしょうか。

「わたしはあなた、あなたはわたし」
っていう感覚かなぁ。

そうです。目の前に来たお客さまを、自分の一部分だと思って大切に扱う。自分にサービスを提供するような感じで、
「どうやったら、この人の役に立てるかな」
と考える。この感覚を持ち続けられる人が、相手に必要な

ものを提供できる人です。

そうすると、相手から「本当にありがとう」という**感謝のカタチとして、お金が入ってくる**わけなんです。
それを積み重ねていける人に、お金がしっかり入ってくる土台ができるのではないでしょうか。

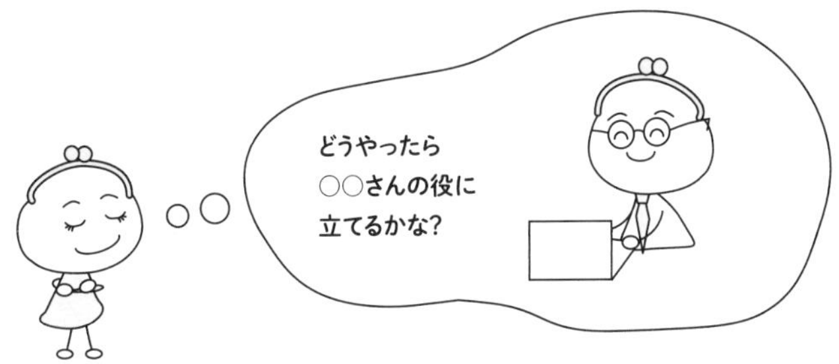

ようこ先生、いつになくかっこいい！
でも、「自分とまわりを切り離して考えない」という感覚が、わからない人は多そうですね。

たとえば、作家になりたい夢があったとして、でも作家になれなくて、不本意ながらファミレスでアルバイトをしているとします。
だけど、自分の好きな仕事ではない不本意な仕事でも、ファミレスで**目の前のお客さまにできることを一生懸命やっていたら**、バイト先で、思わぬいい話がきたり、お客さまが出版社の人で、原稿を見てもらえたり、という**ミラクルが起きて**、自分の行きたいところに行けたりするのです。

わぁ！　シンデレラストーリーみたい！　目の前のお客さまにできることを一生懸命やって積み重ねていった人には、願ったことが与えられたり、願っていた以上のことが与えられることもあるんですね。すごーい！

ちなみに、いつまでも好きなことを探しているジプシーのような人には、なかなかお金が入ってきません。好きか嫌いかにとらわれすぎてはダメ。
スタートの仕事はなんでもいいんです。

「これはしたい仕事じゃないから稼げないんだ」
と言ってすぐ辞めてしまって、延々と好きな仕事を探し続ける人もいるなぁ。でもお給料は上がらず、どちらかというと下がっていっているかも…。

なんらかの意味があってその仕事についているはずなので、**いまいる場所でありったけの力を出して、得られるものを吸収していきましょう。**
そうしたら、絶対に自分がやりたいことや、夢につながってくるはずなんです。

なんだか**力がわいてくるなぁ。**
ようこ先生、お仕事の話になると、アツいなぁ♪

父親を尊敬する気持ちを持てば、仕事はもっと伸びる

心のなかで**お父さんを嫌いなままにしておくと、思うように仕事が伸びていきません。**お父さんって家族というコミュニティのなかの一番えらい人、一番責任をとってくれている人、というイメージですよね。その一番えらい人のことを嫌いだったら、言うことを聞きたくないですよね。

そうすると、社会に出て、会社や組織に入ったとき、一番上の人の言うことを聞きたくない気持ちがわいてきちゃいそう…。
素直に仕事に取り組むことができなくなるかもなぁ。

自分が上の立場になったとき、つまりあなたがお父さんの立場になったときには、あなたの部下や後輩が、言うことを聞いてくれない状況になってしまいます。
また、自分の思考の量によって、どれだけ自分が苦労するかという量は変わってきます。

それは大変！

あなたはお父さんのことを、どんなふうに思っていますか？　もし、あまりよいイメージを持てていなくても、「お

父さんはすばらしい人だった」と過去のお父さんに対するイメージを書き換えられるといいですね。

はじめは心がこもっていなくても、「金ならある！」のように、**ひとりで口にしてみるだけでもいい**んです。

最終的に、
「**お父さん、大好き！**」
というところまで思いが変わると理想的だろうなぁ。

そうなったら、もっともっと仕事がおもしろくなり、もっともっと仕事がうまくいくようになりますよ。

専業主婦業に誇りを持つと、夫の収入がアップする

ようこ先生、お仕事の話をたくさん聞いてきましたけど、専業主婦の場合でも、できることはないんですか？

おかねちゃん、いい質問ですね。
専業主婦の方は主婦業が仕事なので、**専業主婦業にどれだけ誇りを持てるか**どうかで、旦那さまに入ってくるお金が変わってきたり、臨時収入が入ったりすることが多いんです。

へぇ〜！

専業主婦業に誇りを持てているということは、自分の価値を高く感じられているということ。
自分の価値を高く感じられていれば、ご主人の価値も高く感じられるので、自動的にあげまんになるんです。

あげまん！

専業主婦業に誇りを持てるかどうかは、お父さんのお母さんへの態度を見て、どう思ってきたかが関係しています。

もしあなたが、「お母さんはお父さんに虐げられて、かわいそうだった」と感じてきたなら、専業主婦に対して負い目を持っているかもしれません。
そういった場合は、その**思い込みを書き換えられるといいですね。**

とにかくまずは、専業主婦である自分に、誇りを持ちましょう。ご主人の収入がアップしますよ。

専業主婦業に誇りを持てていると、
結果「あげまん」に！

第4章

ようこ先生に聞いてみよう！
お金の悩みQ&A

Q 買い物ばかりしてしまう

A 誰かがなんとかしてくれるという依存心を捨てるのが鍵

お金の使い方にはその人のクセが出ちゃうことが多いと思うんです。ワタシ、イカが大好きで、イカのお刺身を見ると、食べきれないくらいほしくなっちゃうんです。

おかねちゃん、イカを食べられるんですね。いろいろツッコミどころがありますね…。

この間ようこ先生が寝ている間に、こっそりテレビでニュースを見ていたら、買い物依存症の人が取り上げられていたんですけど、ようこ先生、こういう人って、どんなクセがあるのかなぁ？

おかねちゃん、夜ふかしはほどほどに…。でも、いい質問です。

買い物しすぎてしまう人は、本当はほしくないのに高揚感で買ってしまうことが多いですね。

何かに依存する傾向がある人は、「目の前のいまだけよければいいんだ。だって我慢できないんだもん！」という子ども心が強いのです。

ギョギョギョッ！

本来なら、「買いたいけど、今月使っていいお金はこれだけだから我慢しよう」となるはずですが、その我慢ができません。

幼い心のままでもなんとかなってきてしまったから、大人になってもその状態が続いてしまう…。

「わたしのこと、きっと誰かがなんとかしてくれるでしょ？いままでもずっと誰かがなんとかしてくれたもん！」という思考をため続けているのです。

ギクギクギクッ!!!

その思考をため続けた先には、**誰かにやってもらった分を、同じように誰かに「やってちょうだい」と要求される現実が待っています。**

ゲゲゲーッ!!!

じゃあじゃあ、たとえば親が要介護になって、「なんとかして」という状況になったりとかですか？

それもあるかもしれませんね。

いろいろな形で、結局は自立しなければいけない現実がやってきてしまうことが多いんです。

買い物への執着から卒業したいなら、「そのまま続ける？　自立のほうにいく？」と自分に問いかけて、決断しましょうね。

はは、はーい…。

買い物ばかりしてしまう人は?

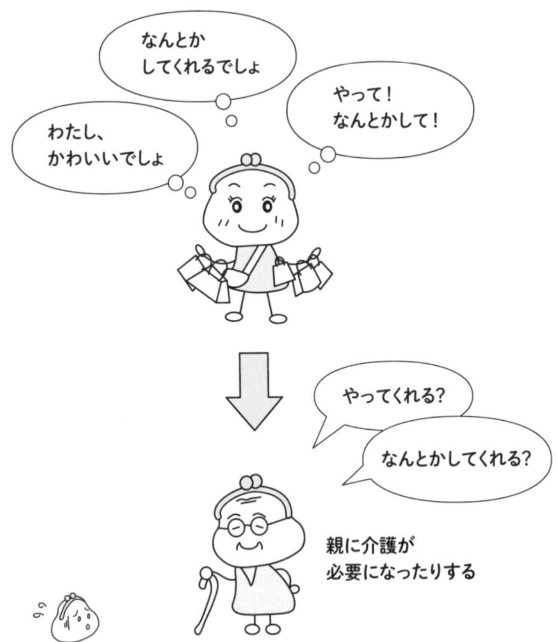

Q パートナーと金銭感覚が違っていて困る

A まず相手を受け入れ、お互いに歩み寄ってみる

ようこ先生。最近、ワタシ考えちゃうんです。
愛し合って一緒になった男女なのに、お金のことで言い争いしているのを見ると、愛ってなんなんだろうって…。

おかねちゃん、感受性が豊かですね。わたしも、男女のことは奥が深いなって日々思いますよ。
まず、**育ってきた環境が違えば、金銭感覚が違うのは当然。そう思うところからはじめたい**ですよね。夫婦間で話し合って、お互いに折り合いがつけばいいわけです。

ふむふむ。**違うのが当たり前**かぁ。

そうです。
「夫婦なんだから、価値観は一緒であるべき」と思うから、おかしくなってしまうんです。話し合って折り合いをつけるには、**お互いの違いを受け入れられればいい**ということ。

尊重し合うという気持ちが大切かな。
ふたりの間をとって、「これにしよう」「ここはわたしが我慢するから、ここについてはわたしの言うことを聞いてね」と言い合えればいいのです。

そっかぁ。モメているカップルは、たしかにお互いにゆずらない感じがするなぁ。

お互いの違いを受け入れられないときに、うまくいかなくなってしまいます。では、なぜその違いを受け入れることができないのでしょう？

なんでだろう？

それは、自分の思考のクセのなかに、**「どうせ受け入れてもらえない」という勘違いがある**からなんです。

えっ!? **自分で決めちゃっている**ということですか!?

そうなんです。
「自分が愛されてきた」という思いを持っている人は、自分が尊重されていると思っている分、相手のことを尊重することもできる。つまり折り合いもうまくつけられるはずなんです。

でも、「わたしは愛されていない」「尊重されていない」「否定されている」という気持ちを持ち続けている人は、つい自分の考えを貫こうとしてしまうんです。

それって、なんだか**勝ち負け**みたい。

そうです。**大切なのは、相手に勝つことではなく、お互いにとっていい道を探すこと**なんです。

勝とうと思ったら、相手も勝とうと思ってしまうもの。だから、いったん相手の考えを受け入れてみるところからはじめてみてほしいですね。

そっかぁ。なんだかスッキリ！
ワタシも**愛をあきらめないぞ♪**

Q パートナーがケチで、もうイヤ！

A 自分がどこかでケチをしていないか、見直してみる

ようこ先生。お散歩していると、時々ワタシを金運の神様だって勘違いする人がいて、「**奥さんがケチなんです。もう我慢できません！**」って、すがるように訴えかけられたりするんです…。

あらら。それは災難ですね…。
パートナーのどちらかがケチというのは、よく聞きます。
たとえば、奥さんがお財布を管理していて、旦那さんに無駄なお金を使わせないというケースは珍しくないですね。
ここで大切なことを説明しますね。
夫婦はふたりでひとつなんです。だから、自分の心のなかに隠したものがパートナーにあらわれてしまうんですよ。

そ、そんなバカな！

その場では相手に言えなかった思いや、抑え込んだ思いを見ていったほうがいいですね。
たとえば、奥さんに「ケチすぎるんだよ」「もっとおおらかになれよ」と言いたかったとします。

でも、それは結局自分へのメッセージです。旦那さん自身も、誰かから同じことを言われているはずなんです。

ななな、なんですと!?

パートナーがケチなのが気になるなら、どこかで自分もケチをしているはずだと思って、自分のことを見直してみてほしいんです。

仕事で能力を出し惜しみしたり、誰かに何かをしてもらって受け取るばかりだったりしていませんか？

ケチなのはお金のことだけじゃないんだ…。

そうなんです。
だから、何か自分の生活のなかで出し惜しみをしていることはないか見直しして、自分がケチをしている部分に気づくことが大切です。

まず気づくことが大事なんですか。

そうそう。
たとえば思い当たるのが仕事のことだったとしたら、仕事で一生懸命働いて、自分の力を出し惜しみしないようにするんです。
もしかしたら、誰かに対して、愛情を出し惜しみしている可能性もありますよね。

とにかく、何にケチをしているのか見つけて、そこに集中して取り組んでみてください。

取り組んでいたら、パートナーのケチケチグセも変わるんですか？

変わりますよ！　**自分が一生懸命取り組んでいれば、いつの間にかパートナーのスタンスもよくなっていく**のです。夫婦はふたりでひとつですからね。

なんだか深いなぁ。相手のケチケチグセをどうにかしようとすることより、**自分自身を見直したほうがいい**っていうことかぁ。

Q ケチな人、お金に問題がある人に遭遇した！

A 相手に言いたいアドバイスを洗い出してみる

ようこ先生。ちょっと知り合いぐらいの人が、ケチだった場合はどうなんですか？
仕事相手とか、あまり親しくないけれど顔を合わせる人とか…。

おかねちゃん。それはいい質問ですね。
職場などで毎日顔を合わさなければいけないということもあるかと思いますが、心の距離はとってもいいし、会う機会を減らすのもいいのではないでしょうか。

ただ、覚えておきたいのは、**その人に会ったという意味はかならずある**ということです。

い、意味がある？

おかねちゃんは、ケチな人に遭遇したとき、その人になんて言いたくなりましたか？

それは…。「もっと人が喜ぶことのために、お金を使ったほうがいいですよ」「**お金は渋るものじゃなくて、活かしたほうが喜ぶんだから！**」とかかなぁ。

なるほどー。54ページでも触れましたが、**ケチな人や残念な人に会ったときに「なんでこうじゃないの？」「こうしたほうがいいんじゃないの？」と心からわきあがってくる言葉は、自分自身に言いたいアドバイス**なんです。

えぇぇぇぇっ!? 忘れてました！ ようこ先生、ワタシ、受けとめきれなくて泡を吹きそうです！

じゃあ、泡を吹いたままもう一度聞いてくださいね（笑）。自分にまったく関係のない人とは、出会わないんですよね。誰かに言いたいことは、つまり自分が自分に言ってあげたいことなんです。

ですから、**「なぜこの人がわたしの前にあらわれたのだろう」「この人に何て言いたいんだろう」と紙に書いたりして、振り返ってみる**ようにしましょう。

相手へのアドバイスが、自分へのアドバイスかぁ…。相手に言いたいことが「この悪徳ハイエナ大魔王！」だったら、へこんじゃうなぁ…。あ、でも、悪口じゃなくて前向きなアドバイスってことですね？

もちろん。たとえば、「もっとお金を循環させようよ。そ

のほうがずっと成長できるし、たくさん人が寄ってくるよ」と相手に言いたいとき、あなたはいまのレベルよりも、もっと高いところにいきたいのかもしれません。

なるほどー!!!

成長するたびに、その人の歩むステージは変わりますよね。そのときはそれが最高だと思っていても、もっと最高のものがあるのかもしれないし、もっと削ぎ落とすべきことや、手放したほうがよいことがあるのかもしれない。
まわりにいるちょっと気になる人は、そのことに気づくためのヒントを与えてくれているんです。

そうかぁ。そうしたら、あちゃーっていう人に会っても、前向きにとらえやすくなるなぁ。
ようこ先生、何か気になるうわさ話を耳にしたり、ニュースなどでその当事者に対して言いたいことというのも、自分へのアドバイスになりますか？

そのとおりです。おかねちゃん、テレビをよく観てるものね。**うわさ話やニュースで取り上げられている人に言いたいことも、自分に言いたいこと**です。
自分と他人を切り離さずに考えていくようにすると、どんどん人生は上向きになっていきますよ！

Q だましてお金をとったり、お金にズルをする人はどうなるの？

A ズルした分だけ、あとからお金を失うことになる

ようこ先生。**世の中は不公平**って言うけれど、本当にそうなんでしょうか。
たとえば、相手をだましてお金をとったり、お金のことでごまかしたりズルをしたりする人って、どうなっちゃうんですか？　そのまま逃げ切れることもあるのかなぁ？

ズルをしたり、人をだましてお金をとるようなことをしたら、きっと自分もだまされたり何かをとられる経験をすることになるでしょう。

ズルをして、そのまま儲かっているように見える人がいるのはどうしてなんですか？

そのときは、一時的にお金が入ってくるかもしれません。
でも、別の機会で、ズルをした分のお金や何かしらが出ていくことが起こるようになっているんです。長い目で注意深く見ていれば、投資に失敗したり、よからぬ人からもぎ取られてしまったりしているのがわかるはずですよ。

そっかぁ！ **いいことも悪いことも、「自分のしたことが返ってくる」**ということなんですね。

そうです。**日々のお金の使い方も、その人の人生に影響しますよ。**

ある会社では、いつも気持ちよく部下に奢る人がいて副社長になったという上司さんもいれば、30歳も歳の離れた部下に、コーヒー１杯も奢らない上司もいました。ちなみにそのケチケチ上司さんは、在職中も、定年退職したあとも、経済的に潤っていないようです。

わかりやすい！

お金の使い方の違いは、その人のお金に対する思い込みが関係しています。

お金をズルしたり、使おうとしない人は、お金が循環するということを信じていない人です。お金は使うとなくなってしまうと信じているのです。

「**使うとなくなっちゃう**」と思っている人は多いかも!?

一方で、気持ちよく人に奢る人というのは、それがまわりまわって、まわりも豊かになるし、自分も豊かになれるんだと信じているから払えるのです。

じゃあ、**お金は循環する**と信じて、気持ちよく使ったほうがいいですね♪

Q 子どもが生まれるとお金が大変になりそうで踏み切れない

A 「子どもがいるほうが豊かになる！」を合言葉に

ようこ先生。先日、生活の質を下げたくないから、子どもを産むことに躊躇してしまうという人たちに会ったんです。もし、産めたとしても、いままでのように思いきり働けなくなるので生活水準が下がってしまうのが心配だと思っているようでした。…切実だなぁ。

「子どもができたら豊かな生活は望めない」という思考になっているのですね。

たいがいの人は「あきらめるしかない…」という思考で終わってしまうんだろうなぁ…。

まずは「子どもが産まれるとお金が大変になる」「我慢するしかない」と決めていることに気づくことが最重要です。**わたしたちは、最初から9割あきらめベースで過ごしてしまっています。さらに、あきらめベースの自分がいることに気づいてもいない**、というケースが普通です。

え!? 「普通こうだよね」という普通が、ネガティブ設定っていうことですか!?

わたしたちは、9割あきらめベースで過ごしている

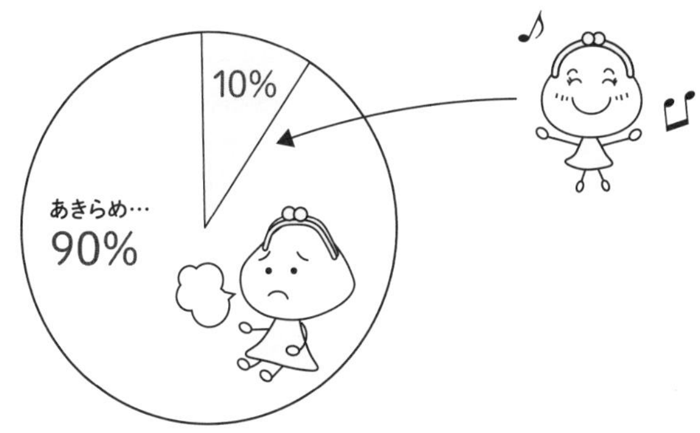

そうなんです。なんといっても、**豊かになると決めることが重要**です。わたしの場合、しあわせなお金持ちはどんな状態だろう？　という思いがずっとあったので、その基準ですべてを見てきたのだと思います。
「このいまの考え方の延長線上で、果たしてしあわせだな、豊かだなって感じられる毎日を過ごせるかな」と、いつも思っていた気がします。

ほぇー。小さなお子さんを託児所などに預けなくては働きに行けない場合もありますよね。預け先についても、その人の覚悟が決まっているのかどうかで、見つかったり見つからなかったりするということですか？

そうです。覚悟がないと、
「ほら、預け先がないから働きに行けないんですよ」
という現実になってしまったりするものなんです…。
「わたしはしっかり働くぞ！」
と覚悟が決まっていたら、不思議と預け先も見つかるものなんです。
ぜひ、預け先にお悩みのお母さんがいたら、ちょっと自分の心のなかを点検してみてくださいね。

お給料はなかなか上がらないと決めてしまっているところも、思考を変えたほうがいいポイントなのかなぁ。

「よし！ わたしはこうするぞ！」としっかり腹が決まっていれば、積極的に（やらされている感なく、気持ちよく）働けるので、仕事を楽しめるようになり、自然とキャリアアップしたり、お給料が上がっていくものなんです。

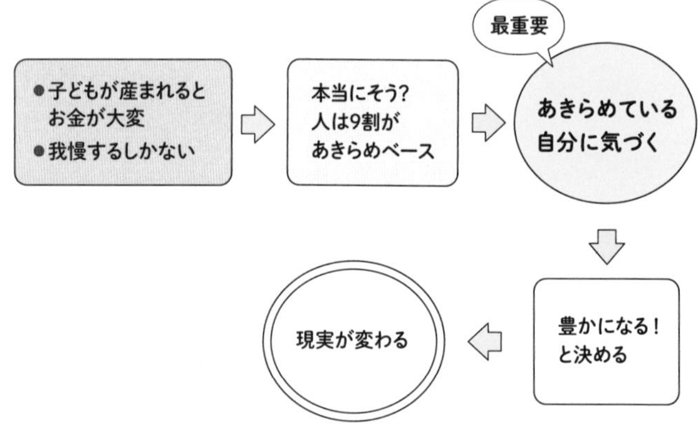

子どもが産まれたからいろいろなことをあきらめるというのは、悲しいですよね。**子どもが産まれたからもっと豊かにという社会がいい**ですよね。

思考が変われば、いくらでも子育てを楽しみながら、働いて稼ぐことができるっていうのがいいですよね！

わたし自身、子どもができてからのほうが収入もどんどん上がっています。

子育てはこうあるべきと思っている人のほうが、子育てはつらくなってしまうのかもなぁ。

お金だけでなく、子どもとの関わり方、仕事のスタンス、**すべてに豊かさを味わい、楽しみながら生きていきたいですね。**

思い込みを書き換える「めがねのワーク」

それではここで、いつの間にか自分自身をしばっていた思い込みを楽しく書き換える簡単なワークをご紹介しますね。

わーい！　楽しみです♪

「こうなりたい」
「これを解消したい」
「これを目指している」
という願いや悩みはありませんか？
いくつか思い浮かんだとしても、**ひとつだけ選んでみてください。そのひとつは、ほかの願いや悩みとかならずつながっているものなので、同じ考え方で解決できる**のです。

そうなんですか！　よかった！
ワタシ、こう見えてもいっぱい願いや悩みがあるから！

たとえば､花子さんはいつも時間に追われているので、「時間管理をできるようになりたい」と思っているとします。
どうして時間管理ができていないのかを探ってみると、つい目の前のことにばかり気を取られて、一番すべきことまでたどり着けないことが多い、と気づきました。

まず、気づけてよかったぁ！

こういうときには、「一番大事なものをまっすぐ取りにいかない自分がいる」と考えてみます。
花子さんの心のなかに「手に入らなかったらどうしよう」という怖さや**「一番ほしいものは、なかなか手に入らない」という思い込みがある**んですね。
では、このケースのめがねのワークをご紹介します。

❶「**一番ほしいものは、なかなか手に入らない**」と
　レンズに書かれているめがねをかけている自分をイメージする

❷「**ハッ！ いけない！**『一番ほしいものはなかなか手に入らない』めがねをかけている！」と
　めがねをはずす動作をする

❸ はずしためがねを置いた反対側から
「**一番ほしいものをすんなり手に入れる**」と
　レンズに書いてあるめがねを取り出してかける動作をする

時間のあるときに「一番ほしいものは…」とつぶやきながらめがねをかけ替える動作をしていると、スムーズに現実が変わっていくのです。

おもしろーい♪ こんな簡単でいいのかぁ！

ほかの例でも解説してみましょう。
1人めの出産・育児が大変だったため、2人めを産む気持ちが固まらないというよしこさんの場合。
よしこさんには大変さをもう一度味わう怖さがあるようですね。

そうかぁ。2人めのときはあらゆることがスムーズだったらいいですよね。

初めての出産は未知のことですから、お母さんによっては産むことに怖さを感じる場合があります。
「怖い」という気持ちが出てくるということは、子どもの頃から世の中のことに怖さを感じてきたのかもしれません。
ですから、めがねのワークでは、出産に限らず「この世は怖いことがいっぱい」というめがねをイメージします。
自分のなかから「怖さ」が減るといいですよね。

❶ **「この世は怖いことがいっぱい」**と
レンズに書かれているめがねをかけている自分をイメージする

❷ **「この世は怖いことがいっぱい」**と
めがねをはずす動作をし、片方に置く

❸ めがねを置いた反対側から**「この世は安全」**と
レンズに書いてあるめがねを取り出し、かける動作をする

またまた簡単！　このワンアクションが効果絶大だなんて、すごいなぁ♪

とても簡単なワークなのですが、この**ジェスチャーをつけることで、「この想いを手放したい」「この想いを新しく入れたい」と、自分自身に深くインプットしやすくなる**のです。
ですから、あらわれる効果が早いのですね。
ぜひ、取り入れてみてください♪

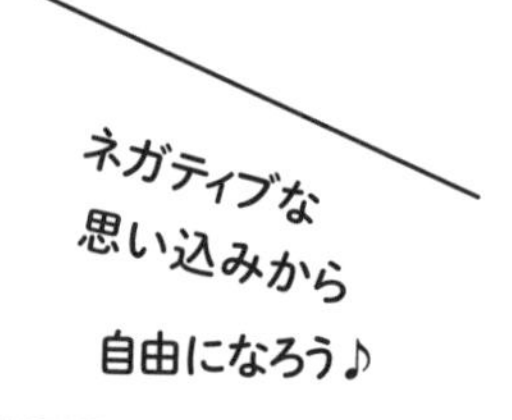
ネガティブな
思い込みから
自由になろう♪

エピローグ

もっともっとしあわせな
お金持ちになろう！

人生のお手本にしたい人に会いに行こう

ようこ先生。ワタシ、お金と人が仲良くする方法が、だんだんわかってきました。だからなのか、最近とってもステキな人ばかりが、「**キミ、かわいいね♪**」って話しかけてくれるんです♪

そ、そうなんですか…。ちょっと主旨がずれている気もするけれど、いいですね。

うふふ♪ そうだ。いまさらですが、ようこ先生は、**どうしてお金のことを教えているんですか？**

ずいぶん終盤に質問してきましたね。ちょっとわたしの話をしてもいいですか？

わたしはずっと、しあわせなお金持ちになりたいな、と思って生きてきました。

いいですね♪ **でも、どうして？**

高校を卒業して、百貨店で働いていたのですが、そこで、**お金を持っている人と持っていない人の差に衝撃を受けた**ん

です。
なにしろ、歯がすべて金歯のおじいさんが、暇つぶしに百貨店の外商に遊びに来て、お付き合いで一度に何百万という商品を買ったりするわけです。

全部金歯!? 一度に何百万!? しぇ～!!

一方、高校を卒業したてのわたしは、朝から晩まで売り子で立ちっぱなし。1カ月間、来る日も来る日も働いても、もらえるお給料は月十数万。当時、社販で安く買った数千円のキャラクターの腕時計をしていて、金歯のおじいさんのように、ロレックスなんて当然買えません。
「この富の差はなんだろう…」とまず最初に考えました。

ようこ先生、そんな過去があったんですね。

その後、介護の仕事をします。
そのとき、とても裕福で特別室に入室していたのに、最期まで誰も家族が看取りにこない人や、お金がなくて強制退院させられてしまう人、たくさんのご家族に看取られて「ありがとう」とみんなで言い合って最期を迎えられる人…とさまざまな場面を見てきました。

それはすごい体験です…。

人のしあわせな姿、不幸な姿の両方を見て、**「しあわせとお**

金の関係は深いんだ」ということに気づきました。

そのとき、わたしは「しあわせでお金持ちだったらいいなぁ」と、本気で思うようになったんです。

なんだか、とっても考えさせられます…。

最期がしあわせじゃないのは、悲しいな…。

だからしあわせなお金持ちなのかぁ。

そうなんです。その後結婚したのですが、夫が自営業だったことから、はじめて雇われる側とは違う視点を持つことができました。

そんな頃に、いろいろと勉強するなかで、しあわせなお金持ちがあちこちにいることを知ったんです。そして、人生のお手本になる人を探したほうがいいということに気づきました。

ふむふむ。

それからかな〜。**「しあわせなお金持ちのモデルに出会おう！」と決めました。そうしたら、お金もあって毎日しあわせそうに暮らしている人に、次から次へと出会うようになった**のです。

わ〜！ すごい！

「こんなふうになりたいな」と思える人に出会うことは大切ですよ。もしまわりにまだお手本にしたい人がいなければ、

まず、「そういう人に出会いたいな」と思いはじめましょう。
わたしも、しあわせなお金持ちの人たちに、気持ちのいいお金の使い方、お金も人も循環する考え方を直接質問して、教えていただいたことがとても勉強になったんです！

お金の縁をよくしたかったら…

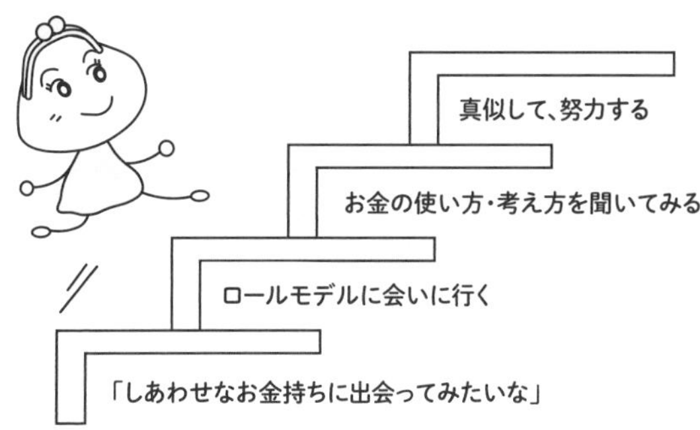

お手本の存在に出会ったら、次はできるかぎり真似するのです。
あるラグジュアリーホテルの支配人さんが言っていましたが、たとえば、一流の富豪の方は、プロ並に美しくベッドメイクしてからチェックアウトするそうなんです。
そんなふうに、お金をかけなくても真似できる行動や言動、考え方からどんどん取り入れていけばいいんです。

へぇ〜！　なんだかかっこいいし、それならできるかも。

しあわせなお金持ちに出会って、その人のいいところの真似を続けていると、最初は資産が1億円ある人がお金持ちだと思っていたものが、資産10億円、数十億円、百億円…と、どんどん、さらに**パワーアップしたお金持ちの人に出会う**ようになっていきます。

へぇ～！　それって、**自分の器が大きくなったっていうこと**なのかなぁ？

そうかもしれませんね。
実際にうまくいっている人たちにたくさん会って、お手本にするようになると、「しあわせなお金持ちなのが当たり前」だと、インプットされます。そうすると、いつの間にか自分も豊かになっていくんですよ。

え～！　**ワタシもお手本を探した～い!!**

わたし自身がいま「いいな」と思っているお金持ちは、家族と仲がよくて、お金にも不自由がなく、まわりの人をしあわせにするために仕事をしている人です。

こんなふうに、どんな人がお手本なのか、はっきりとイメージするといいですよ。

やってみま～す!!

寄付をしよう

ようこ先生。寄付はとってもいい行為だと聞きますが、本当なんですか？

寄付はいいですよ。まず、**寄付をする気持ちがあるということは、お金の循環を信じているということ。これは、自分のことを信じているということにつながっている**んです。

ほほーう。

でも、ただ寄付をするだけではなく、**どんな気持ちで寄付をしているのかという「動機」も大切**なんです。

動機ですか。

たとえば､同じ寄付をするという行為でも､「もったいないなぁ」「なくなったら困るから､これくらいにしておこうかな…」という気持ちを持ちながらする人もいれば､「いつも生かしてもらっていてありがたいなぁ」と思いながらする人もいます。
おかねちゃんなら、どちらの気持ちのほうが、寄付されてうれしいですか？

もちろん、感謝の気持ちで寄付されるほうです。
そっかぁ。「**どんな気持ちで寄付したか**」というのが大事なんですね。

そうなんです。**寄付をするときに、どんな思いを乗せているかで決まる**んです。

よーく自分の心のなかを点検してみたら、じつは「寄付をしないと、きっとバチが当たって悪いことが起こるから納めなくちゃ」と思っていたとします。もしそうなら、悪いことをイメージしながら行動しているわけですから、実際に悪いことが起こりやすいですね。
でも、**「感謝の気持ちをあらわしたいからこれだけ払います」という人には、それだけのいいものが返ってくるようになる**のです。

寄付をするとき

ほうほう。
感謝というと、先祖供養だったり、お墓参りだったりというのを聞いたりもしますが、それもいいんですか？

もちろん、いいですね。それも、**義務感ではなく、感謝の気持ちを持ってできるといい**ですよね。

じゃあ、先祖供養やお墓参りに、なじみがない人はどうしたらいいですか？

一番身近なご先祖である、親御さんを大切にするところからはじめるのがいいのではないでしょうか。

わたしの父と母は、田舎から出てきて関東に移り住み、現在も健在なので、まだお墓はありません。ですから、田舎にお墓参りに行くということがあまりないんです。

わたしが直接感じる先祖は、父と母です。
父と母には相当反抗して生きていたので、わたしにとっての先祖供養は、親にどれだけ親孝行できるかということかなと思っています。

ようこ先生、反抗期があったんですね。

そうなんですよ（笑）。
だから、両親に会えば、食事をごちそうしたり、旅行に連れて行ったり、できるだけこまめに連絡をしたりして、い

まわたしが無理なくできることを行っています。それはもう本当にしたいので、させてもらっていることです。

ステキ♪

どんな気持ちで、寄付や感謝を示すのかが、一番重要なのです。

「自分がしたいからしている」という動機で行うのが一番いいですね。

見えないところで感謝する人は、感謝した分だけ豊かになる

そういえば、ご両親の名前で寄付をしている人が知り合いにいます。それって、すごくいいことなのかなぁ。

それはとてもいいですね。
見えないところでどれだけ誠意を尽くしているかということは、じつは現実にあらわれるんです。
なかには、わざと人に見えるように親切な行為をする人もいますよね。

見えないところで誠意を尽くす。なんだかいいですね。

たとえば、トイレや排水口は見えないですよね。
そういうところを常日頃からキレイに扱うように心がけたり、人が見ていないところでも、誠意や感謝をあらわす行動を取っていくといいですね。

なるほど！

普段、**人に見えないところで、どれだけ感謝の気持ちを誰かや何かに向けているかということが、人生をいい流れにもっていくための大きな鍵になります。**

うわぁ〜、いい流れの人生にしたい!!!
どんなことをすればいいんだろう？

その手段は、一人ひとりオリジナルでいいと思います。
自分が納得する形で、一番感謝をあらわせる方法は何かなと考え、できる範囲で行えば、それがそのまま自分に与えられるものになっていくのです。

ハーイ！ これもすぐにできそうだなぁ♪

見えないところで誠意を尽くせばどんどん豊かになる！

寄付の金額はどうしたらいい？

ようこ先生。
寄付の金額って、どう考えたらいいんですか？

寄付をするとき、その金額は自分で決めていいものです。たとえば、月のお給料が15万円の人と、150万円の人だったら、同じ神社に10万円を寄付するとしても、その意味合いは全然違いますよね。

ふむふむ。**たしかに違う！**

150万円あるうちの10万円なら、「えいっ！」と寄付できるでしょうし、15万円あるうちの10万円を寄付してしまったら、生活ができないですよね。

だから、額は自分が決めればいいと思いますし、ただただ、自分の基準でいいと思います。それよりも、171ページでもお伝えしたように、**どういう気持ちで払うかのほうが大切**です。

そうか～！
なんだかホッとする人がたくさんいそうだなぁ。

じゃあ、神社のお賽銭はどうなんですか？　どんな気持ちでお賽銭を入れればいいのかなぁ。

おかねちゃん、それもいい質問ですね。
わたしは、お金は循環していると信じています。
ですから、わたしが神社にお賽銭を入れるときは、「この神社がキレイに保たれているのは、誰かがキレイに保ってくれているから。それにはお金もかかるから、そのためにも使ってください」という気持ちで納めます。

たとえば、近所に名もない神社があります。小さくて「お参りに来ている人なんているのかな？」と思ってしまうような神社。たぶん、たくさんの人が、「この神社へのお賽銭に、10万円なんて出せない」と思ってしまうかもしれません。
こんなとき、近所の小さな神社には100円、伊勢神宮のような大きな神社には1000円や5000円…という気持ちになることが多いのではないでしょうか。

そんな気がするなぁ。

お金はエネルギーです。
だから、「わたしはここに来たことで、こういうことを自分に誓います」「自分のこういうことを改めて確認しに来ました」など、**自分がすることに対しての覚悟料、感謝の気持ち、自分の気持ちを確認できたことへ、「ありがとう」という思いでお金を払う**んです。

なるほど。「わたしはここに来たということに対して、これだけの価値を感じています」という気持ちでお金を払うということですね。

そうです。
ちょっとこれは余談ですが、わたしは、誰がお参りにきているのかわからないような近所の小さな神社で、わりと高額なお賽銭を入れるときもあります。
金額の大きさが重要だと言いたいわけではなく、**普段見過ごしてしまうような小さな神社でも、大切に思うことで、いろいろなことがうまく流れていく**気がするからです。

へぇ～！

「見落としがちなところも、大切にしていこう」ということを自分に確認したくて、「お参りに来ました。ありがとう」と言って、1万円を入れてお参りすることもあります。そんなふうに神社を活用しているんです。

それって、**お金も喜びそう**ですね！

そうだといいな（笑）。
繰り返しますが、どの神社でも1万円を入れてくださいと言っているわけではありませんよ。

「どんな気持ちを自分が無意識のうちに乗せているか」ということが重要なんです。

「お財布の小銭を全部入れて小銭入れを空にしてキレイにしよう」という動機ではないほうがいいですね。

はーい！

・この神社は大したことがないから10円でいいや
・お財布の小銭を全部入れて、キレイにしちゃおう

共感を呼べる人のところにお金が集まってくる

ようこ先生。ワタシ、妖精じゃないですか。だから、けっこう長く生きてるんです。150年ぐらい。

ええっ!? おかねちゃん、わたしより年上だったんですか!! なんだかすみません…。

いえ、いいんです♪
それで、時代がどんどん変わっていくのを、なんとなく感じているんですよね。
これからはどんな人のところにお金が集まってくるのか、知りたいんです。

わたしのお世話になっている方に、大学で、起業したい大学生向けに教鞭をとっている先生がいます。その先生が教えてくれたことを少し紹介しますね。

お願いします♪

昔、子どもがたくさん生まれた時代は、物が足りなくて、一番ほしいものが「物」という時代でした。
だから、「自分の言うことを聞けば、稼げるようになる」

「自分についてくれば、物がいっぱい買えるようになる」という強力なリーダーがいました。
強力なリーダーについていけば、ほしいものが手に入れられる時代だったのです。

わかるなぁ！

でも、いまはその時代が過ぎて、日本の人口が減りましたよね。
現代の子どもたちは、物が足りないとは思いません。つまり、「物がほしい」という理由で動く子は少ないのです。

では、おかねちゃんに質問です。
何がほしくて動くのだと思いますか？

う～ん…。なんだろう。

答えは「共感」です。
現代の子どもたちは、自分の好きなことや自分が価値を感じることに賛同してくれる人、共感し合える人に、価値を感じるのです。

納得！

もっと言うと、統率されることにもあまり魅力を感じていません。ゆるくつながり合っていることが、重要になってきています。

個々に大切にしているものがあって、それをお互いが認め合えることが、みんなが欲しているものなのです。

なるほど～。
「共感」を得られる人のところに、どんどん人もお金も集まってくるんですね。**いい時代だなぁ。**ワタシも意識しようっと！

夢を描こう♪

ようこ先生。悲しいお知らせです。

どうしたんですか？

ワタシたちのこの対談、もう終わっちゃうんです。

それは少し悲しいですね。でもたくさんお話しできましたよね。

そうですよね！　引き続きワタシはまだようこ先生宅に居候させていただきますしね♪

あ。まだ滞在するんですね（笑）。

はい！　**ロングバケーション**ですから♪♪♪

そ、そっかぁ（笑）。

ようこ先生。
ようこ先生の夢はなんですか？

おっ…。突然だけど、おかねちゃん、聞いてくれてありがとうございます。
わたしの夢は、将来、**富豪クラブをつくること**なんです(笑)。
パートナーシップもビジネスもうまくいっていて、精神的にも物質的にも、豊かさを持っている人たちだけが入れるクラブです。

わぁ〜！　それは興味があるなぁ♪

富豪クラブのメンバー同士で、豪華客船に乗りたいなと思っています。そこで、パートナーと一緒にやっていくことを決めたり、その人たち同士で仕事の応援をし合ったり、感じたことを素直にシェアし合ったりするんです。

そして、**もっと世の中に貢献できることを探しながら、自分たちもまわりももっとしあわせになるにはどうしていけばいいか、じっくり話し合う場所をつくっていきたい**かな。

ステキ〜♪

おかねちゃんの夢はなんですか？

ワタシの夢は、**お金と人が、もっともっといい関係を築けるような活動をしていくこと**かなぁ。
ようこ先生に教えていただいたことを活かしながら、おかね漫談の旅をしていきたいなぁ。それに…ステキなパート

ナーも見つけたいなぁ♪

おかねちゃんの夢、いいですね！　お金＝愛ですからね。**お金と仲良くなれたら、ありとあらゆることがよくなります。**世の中にたくさんのしあわせなお金持ちが増えるように、お互い力を合わせて活動していきましょう！

は〜い！

あなたの夢はなんですか？

あなたの夢も叶いますように!!

さぁ楽しみながら一緒に行きましょう!!
しあわせなお金持ちの道へ～♪♪♪

［おわりに］
みなさんに心からの感謝を♪

本書を最後までお読みくださり、ありがとうございました！

世の中にたくさんの本があるなかで、**この本を手にしてくださったあなたが、この本を手にする前よりも、もっとしあわせで豊かな毎日を感じられるようになってほしい。**

だからできるだけ、どんな人にもわかりやすい本にしたいな。

そんな思いでこの本を書きました。

この本は、たくさんの人の手によって生まれました。

何年にもわたって思考の学校を取材し続けてくださった、出版コーディネーターの飯田さん。

いつも心が豊かになる話し合いの場をつくってくださった企画・編集・制作担当のともちゃん。ともちゃんチームメンバーであり、素敵なイラスト・図版を描いてくださった庸子ちゃん、さとちゃん。

ともちゃんのお子さんの子守りをいつも横でしてくださっていたのんちゃん。

ワクワクするような素敵な装丁に仕上げてくださった井上さん。

絵本のような本文デザインにしてくださった谷元さん。

はじめての出版を快く引き受けてくださった、太っ腹のすばる舎上江洲さん。

みなさまのおかげです。

そして、わたしを育ててくれた、思考の学校の認定講師さんたちや、協会立ち上げをがっちり支えてくださった並木先生といくみちゃん。

そもそも、思考の学校という協会をつくることへの背中を押し、運営についてご指導くださった前田先生や、わたしのいまのスタイルができあがるまでに学んできた数々の教えにも、感謝しています。

今回、処女作の準備を進めるなかで、わたし自身、これからどう生きていきたいのかを問われるような出来事がありました。

そんなわたしを支えてくれた方々、ありがとうございます。

いろいろな出来事を通して、わたし自身が、長年どうしてもはずせなかった思い込みから、するっと抜けることができました。

どんなことにも何ひとつムダはないし、何も焦ることはないんだなと、大きな自信になりました。

あらゆること、一つひとつ、出会えた奇跡にありがたい気持ちでいっぱいです。

最後に、わたしの両親と妹に、心からの感謝を。

長年一緒にいてくれたパートナーにも、心からの感謝を。

息子のはるかにも、心からの感謝を。

ありがとう。

2020年1月　大石洋子

しつこいようですが、
それでは最後にもう一度

どこまでも!!!

完

【著者紹介】

大石 洋子（おおいし・ようこ）

◇－一般社団法人思考の学校校長。

◇－さまざまな職を経たのち、自身のパートナーシップの悩みを解消するべく、多方面で心理学の勉強をはじめ、人間の思考や感情について紐解くようになる。11年間で、のべ1万人以上にカウンセリングを実施。

◇－性別や世代を超えて、うまくいく人、いかない人には共通の法則があることに気づき、「お金の制限をはずす会」を開催したところ、講座に参加した翌日から、臨時収入や、給与額の大幅アップ、1000万円から7000万円まで、継続的に収入を得る人が続出。瞬く間に大人気講座となり、全国各地から開催オファーを受ける。

◇－その後、「しあわせなお金持ちになりたい」「お金だけではなく、人生を丸ごとよくしたい」という相談が相次いだことから、2016年に一般社団法人思考の学校を設立。

◇－現在は、思考が現実化するしくみや、人生が劇的に変わる法則を教えるプロ講師を養成しており、これまでに全国で講師130名を輩出。しあわせなお金持ちを世界中に増やすべく、日々活動している。

宇宙一ワクワクする お金の授業

2020年1月24日　第1刷発行
2024年11月8日　第10刷発行

著　者――大石 洋子
発行者――徳留 慶太郎
発行所――株式会社すばる舎
〒170-0013 東京都豊島区東池袋3-9-7 東池袋織本ビル
TEL 03-3981-8651（代表） 03-3981-0767（営業部）
振替 00140-7-116563
http://www.subarusya.jp/

印刷所――株式会社光邦

乱丁・落丁本はお取り替えいたします

ISBN978-4-7991-0880-2